文案变现

写出有效文案的四个黄金步骤

叶小鱼 著

中国出版集团
東方出版中心

图书在版编目（CIP）数据

文案变现 / 叶小鱼著. -- 上海 : 东方出版中心，2019.1（2020.3重印）
ISBN 978-7-5473-1382-4

Ⅰ. ①文… Ⅱ. ①叶… Ⅲ. ①汉语－应用文－写作 Ⅳ. ①H152.3

中国版本图书馆CIP数据核字（2018）第273382号

策　　划：蔺亚丁
　　　　　郭秀彦
责任编辑：徐建梅
　　　　　杨典雅
封面设计：7拾3号工作室

文案变现

出　　版：东方出版中心
地　　址：上海市仙霞路345号
发　　行：东方出版中心
　　　　　北京时代华语国际传媒股份有限公司
电　　话：（021）62417400
邮政编码：200336
经　　销：全国新华书店
印　　刷：三河市宏图印务有限公司
开　　本：880×1230毫米　1/32
字　　数：180千字
印　　张：8.5
版　　次：2019年1月第1版　2020年3月第7次印刷
ISBN 978-7-5473-1382-4
定　　价：49.80元

目 录 / CONTENTS

说什么：1个工具找准要说的点

对谁说：1个工具找准文案沟通对象

怎么说：3个方法找到文案写作方法

长文案
软广告
如何写?

灵活运用工具方法
解决问题

好文案是聊出来的讨论组成员介绍——

小鱼

你好，我是这本书的作者同时也是文案训练营的写作教练，他们都说我是苦口婆心的主儿，有点啰嗦，偶尔也有点小自恋。

海艳

原广告销售员，但因为想多学点技能，参加了文案训练营，并且通过文案写作赚了点零花钱。现在在某电商平台做文案策划。

无邪

原采购助理，目前正在为服装公司写文案。

小国宝

书法行业小编，通过学习文案，毕业半年就拿到了主编的工资，属于“人来疯”。

市场部经理，负责各大广告投放。与我本人的名字一样比较安静，但善于思考。

静默

BringBring

大学刚毕业，目前在某外企做新媒体运营。经常刷微信不自觉就顺手买了各种东西。

地产公司文案，后期跟随小鱼老师做助教，能把一节课听 5 遍，还有点喜欢刷存在感。

静静

飞飞

原 IT 公司项目经理，现为创业者，经常自个撸起袖子写文案。

小鱼助教，文静不善言辞，经常在关键时刻指出大家的问题点，擅长做笔记。

鲸鱼

推荐语

很多人都在忙着学各种文案技巧，却往往忽略了文案的底层逻辑，其实文案就像沟通，这本书带着你从“说什么”“对谁说”“在哪说”“怎么说”一步步找到文案写作的方向。

——李欣频，知名广告人

相信我，文案写作能力是可以被训练出来的，就像小说写作也有大量技巧和方法一样，广告文案的写作也有规则。与其自己花几年时间摸索，不如花几天时间去学习前辈高手们总结的经验，然后进行大量的练习和实践，这是最快的进步方法。

如果你是个文案新手，它能帮你一开始就进入正确的道路，如果你已经有几年经验，它能帮你有更好的思路去写作文案。

——小马宋，独立战略营销顾问、罗辑思维外脑

小鱼的这本文案书，内容扎实，讲解细致，表达轻盈，不仅文案工作者，只要是对文案感兴趣的人士都可以读一读。

——采铜，心理学人，《精进》作者

很多文案看起来妙却没效果，究其原因是忽略文案目标。小鱼的这本《文案变现》以目标为导向，带你写出销售力。

——曹成明，起点学院、人人都是产品经理 创始人

经营要长效，文案要有效。有效的文案就是能变现的文案。很多文案纠结于咬文嚼字说漂亮话，能博人眼球却不能产生转化。这本书却实实在在地讲变现，书里的说服逻辑自然而然，让用户在不知不觉中被影响，马上下单购买。这种文案能力将是互联网时代不可替代的能力。

——杨善平，长效经营第一人

正如有乐谱才能演奏出美妙的音乐一样，写文案也是如此，心中一定要有一个完整的文案框架，这样才能写出有效的文案。

——关健明，营销文案专家

营销能够很科学，文案也是。相信小鱼书中的方法会让你写文案更科学。

——徐悦佳，新媒体百万粉丝大 V

在我认识小鱼这么多年来，她一共只干了三件事：第一、琢磨怎么把文案写好；第二、把文案写好；第三、带着别人一起把文案写好。

——小荻老师，国内陌生关系破冰第一人

自 序

为什么你学了那么多文案技巧，还是写不好文案？

翻开这本书的你或多或少与文案都有点关系，也许你刚毕业不久，从事一份与文案相关的工作，也许你是新媒体小编、电商文案、产品运营、产品经理……在与文案打交道的过程中，你肯定遇到过这些情况：

（1）**没灵感**：拿到任务毫无头绪，半天憋不出一个字。

（2）**总是改**：自己很用心写的文案，结果被老板要求改了十几遍。

（3）**没思路**：学了很多技巧，真正写作的时候还是难以下笔。

（4）**没效果**：明明感觉不错的文案，销售数据却给了你一记响亮的耳光。

（5）**没效率**：花了很长时间写文案，大神却只需 3 分钟就能搞定。

这些问题在我刚开始写文案的时候全都遇见过，后来，在文案训练营当写作教练时，我发现这也是大家的通病。可能你会觉得写文案需要灵感，没有灵感一切都等于0，我不否认灵感的重要性，但如果所有文案创作者都要依靠灵感来写作，那你可能一年下来毫无进展，甚至，很可能在刚刚参加工作时就会被老板炒掉。10年前的我差点就被炒掉，幸好有不少人给我指点：

你要用心感受生活，知道吗？只有这样你才能写出好文案。

你要多读书，各种类型的书都要读，这样你才能写出好文案。

这些话当然是真理，但我发现真理并不能马上帮我解决手上的文案任务。我写的文案，一样存在以上各种问题。**我常想，有没有方法，至少可以让我一拿到任务就懂得如何思考呢？**就好像数学里的公式一样，我用这个公式可以去解决与文案相关的所有问题。很幸运的是我遇到了滕老师，他从基本的营销理论（4A广告公司内部培训资料）开始手把手教我，并且辅导我做了一个方案，这个方案让我当时的老板和客户都很满意，也让我慢慢总结出了一个文案的创作思路和框架，后来我在公司创作的文案很少有被大改的情况，我也慢慢不会存在拿到任务之后毫无头绪的情况，专业度也逐渐被认可，甚至还经常被同事们介绍额外的业务，让我在业余时间赚了不少，甚至到后来，一份文案的报酬达到了10万元，这可是当时我一年多的工资。

也许你会好奇，这到底是一个怎样的思路和框架？真的有这么神奇吗？我要告诉你的是一个很简单的思路：**“说什么——对谁**

说——在哪说——怎么说”。通俗地讲，就是把用户当作聊天对象，我们把这四项说清楚，就会让聊天更有成效。

我们先看这个框架的构成：

说什么：找到文案创作目标

那些不停修改的文案，往往是文案创作者在写作前未经任何思考，直接进行创作的结果，我之前也经常出现这样的问题。如果文案不能为目标服务，那就不是一个好文案。

所以，我们需要明白：**文案要达到的目标是什么？**是让用户知道我们甚至喜欢我们？还是看完文案让用户直接购买我们的商品？要达成这样的目标，我们需要让用户知道什么信息？感受到什么？

这些思考都会让后期文案创作方向更清晰，但大部分文案新人却常常忽略这个关键步骤。我在工作中也尝试了不少方法，希望能给文案新人一个能直接上手的工具，我后来在《高效演讲》一书中接触到目标工具后，开始加以运用，并且在实际操作中持续改善，发现效果还不错，大部分文案新人掌握这个工具后，即使后期文案创作不出彩，也不会出现大改的现象。至少 60 分文案有了。在这本书中，我会专门教你这个工具，只要勤加练习，你在创作文案时就不会再摸不着头脑。

对谁说：找到文案沟通对象

品牌在对谁说话，“聊天对象”（也就是“目标人群”）都有哪些特征？他们和品牌是什么关系？把这些问题弄清楚更有利于我们进行文案创作。这就好像你要去追求女神，当你知道了她在乎什么，喜欢什么，你跟她进展到什么程度，你就会知道应该跟她聊什么更容易虏获女神的芳心。在这本书里会介绍具体的工具，帮你分析“聊天对象”，我们也称目标人群。希望能够给你搭建一个通往聊天对象的桥梁，让你更懂商品和“聊天对象”。

在哪说：找到文案表现方式

文案会在什么情况下跟“聊天对象”接触？通俗地讲就是我们的广告投放渠道是什么？在这种情况下，文案应该如何向“聊天对象”传达商品会更有效，更机智。

怎么说：找到文案创作方法

掌握了说什么，对谁说，在哪说，还要考虑怎么表达。在这里，我主要讲解经典的4P文案公式：描绘（Picture）——承诺（Promise）——证明（Prove）——敦促（Push），从文案的开始、中间到结尾，每个阶段我们都有具体的方法和框架让你套用，帮你搞定大部分长文案的写作，另外还有专门针对广告语、海报主题、文案标题等短文案写作，只要掌握这些，就能搞定文案工作中的基本任务。

为了让你更好地掌握文案的创作思路和框架，我还列举了几个案例，希望能打开你的思维，把这个思路从头到尾串联一遍。

好文案不仅仅是有技巧的写作，更重要的是文案背后的思路。

也正因为这个思路，会让你的文案更有力度，比其他文案更有策略性。只要你学会这个思路，同时慢慢积累更多的文案知识、文案技巧，你的文案会有巨大的进步。

对我而言，这个思路是我在文案创作上的知识树的树干，而这个基础树干一旦不存在，学习的任何技巧都将像在流沙上的建筑，随时都可能坍塌。我希望你能掌握这个文案创作的基础系统，只有掌握这个思路和框架，你学习的各种文案技巧才得以施展。

你还可以在工作和生活中灵活运用这个思路。

这个思路其实就是一个解决问题的思路。有不少文案学员都对我说过，它通过学习文案课，工作中的其他能力也有所提升，处理问题的思路也越来越清晰。

运用思路写策划方案。

这个思路原本就是策划思路，运用这个思路来写各类方案完全没有问题。不少学员说没想到学完文案写作，还懂得如何策划方案了。当然，重要的是你完全掌握这个思路，并且能把它贯穿起来。

运用思路组织会议。

运用“说什么——对谁说——在哪说——怎么说”这个思路也

能安排好一场会议。“说什么”：明确老板的会议目标，“对谁说”：掌握参会人员的特点和需求，“在哪说”：合理考虑会议地点，“怎么说”：怎么合理安排整体会议的议程、主题等。

运用思路做个人简历。

你的工作简历如果当作文案来写，按照这个思路去思考，“说什么”：找到自己最大的亮点；“对谁说”：掌握用人单位关注的点；“在哪说”：充分考虑简历跟对方需求的重合点，如简历如果是通过邮箱发送，你的标题肯定要考虑到不要让别人看到标题以为是个垃圾邮件，写成《XX 应聘 XXX 职位》反而更好。“怎么说”：在个人简历中有重点地展示自己。通过这样的思路来梳理你的简历，会让你的简历更吸引人。

运用思路准备应聘。

曾经有人对我说他没有文案工作经验，但即将要去面试，对方希望他准备一些案例，问我准备什么案例去比较好。其实这样的问题，仔细分析一下“对谁说”，也就是你即将应聘的工作职责和内容，了解清楚后，准备与未来工作相关的案例就很好。

另外为了方便阅读，我借用了文案训练营往期几个学员的身份以及性格，用群聊的方式，通过他们的口吻说出你的疑问，答案会由其他学员解答，或者我自己直接回答。如果你还有其他疑问，可以通过“叶小鱼跑跑跑”公众号直接与我联系。

最后，诸多感谢。

感谢知名广告人、诚品书店御用文案李欣频，让我看到这个职业的无限可能；

感谢知名广告公司的营销总监滕老师手把手引导我，为我推开了文案的大门，让我想像他一样，去引导更多人，让他们少走一点弯路；

感谢前百度副总裁李叫兽，让我不断尝试更科学的文案方法论；

感谢独立战略营销顾问、罗辑思维外脑的小马宋老师，让我看到文案最应具有的朴实样子；

感谢前领导陈柳，对我工作的严苛要求，以及对我生活各方面的指引；

感谢前领导东莞糖酒集团美宜佳便利店有限公司的姚旭鸿，给我各种试错机会，并协助我搭建了完整的知识树体系；

感谢前得到、喜马拉雅签约说书人大锤，鼓励我尝试了第一次文案线上课，让我拥有了作为文案人的使命感；

感谢人人都是产品经理，起点学院的漓江，在我正寻找课程平台合作时，和我并达成了长期合作；

感谢实战网络营销专家秋叶大叔，给了我写第一本书的机会，这本书还成为双一流大学的指定教材；

感谢心理学人、《精进》作者采铜老师，在我写书过程中给予过的专业指点，也让我感受了一个知识分子的情怀；

感谢长效经营第一人杨善平老师，让我看到一个培训老师最高的境界，并给予我更多指引；

感谢国内高端原创专柜品牌林清轩孙总，给予我们文案训练营及本书读者的文案变现机会；

感谢我的家人，包容我的任性，给予我足够的时间和空间，支持我去追求梦想。

感谢过往文案训练营的学员对我的支持，不少学员听完课后，邀请我去他们企业讲课。当然，最重要的是，我们在训练营期间的沟通交流，让我看到我的课哪里做的好，哪里还可以做的更好。

也感谢曾合作过的企业客户，同意我把案例真实地呈现在书里，让读者可以看到一个文案是如何从无到有的。

感谢本书出版编辑的辛勤工作，也感谢叶萱淼、汤博为叶小鱼原创卡通贡献的一分力量，让本书增添了诸多趣味。

最后，感谢你——亲爱的读者，拿起这本书就是对我的信任和支持，相信这个缘分也将让我们彼此有所不同。

书稿完成后，我跟随秋水老师和游牧星球去往青海，旅途中我见到了一种鱼，称为湟鱼，它们每年 6 月都会游往青海湖的支流上游去产卵，然后从此在这个世界上消失。繁衍似乎就是他们的使命，一旦有了下一代，生命似乎没有了意义。这让我特别有感触，我们大多数人与这个湟鱼并没有很大差别，也许只是活得长一些，但我始终认为自己还有一些东西可以让这个世界变得不一样，我的使命不应该仅仅是繁衍。如果你通过阅读这本书，在文案上有了自己的思路，继而在文案的道路上不断精进，甚至影响改变了更多的人，这就是我人生更大的意义所在。

很喜欢新百伦广告中李宗盛说的一句话:“人生没有白走的路，每一步都算数”。

希望这本书，也能成为你人生中关键的一步。

第一章

文案防忽悠指南

很多人其实都把“文案”概念搞错了，作为专业的文案创作者，咱可不能犯这种错。

1.1 这些文案都是“伪文案”

很多文案小编其实都没搞清楚什么是“文案”。

不知道你有没有在朋友圈看过这些内容：《这组月薪三万的小学生文案，已经刷爆朋友圈！》《月薪 30 000 的文案，竟然出自小学生！》《对不起，小学生的文案都比你强！》，作为一个文案创作者或者即将从事文案工作的你，看到这样的标题有没有感到焦虑？

我第一次看到这些标题就心里一惊，小学生也来跟我们抢饭碗了？赶紧点开看看究竟：

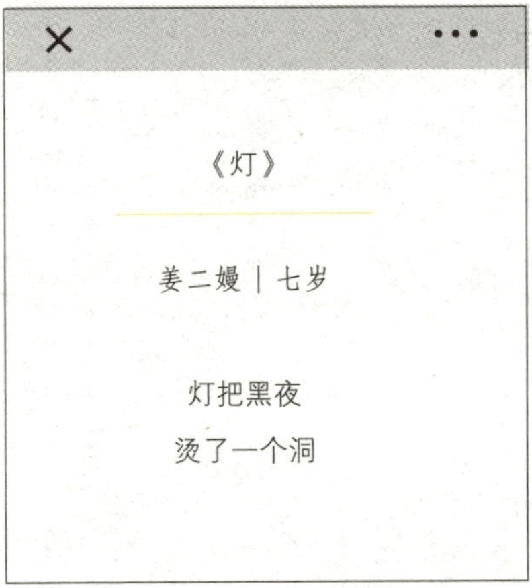

《回到地面》

朵朵 | 五岁

要是笑过了头
你就会飞到天上去
要想回到地面
你就必须做一件伤心事

《土》

曹世武 | 八岁

土是花儿成长的家
摸一摸
这个字软软的
春天
这个字长出了头发

这难道不就是小学生写的诗么？看完后忍不住要批评那些小编，连“文案”概念都没弄清，就开始误导人，平白无故给我们文案从业者制造焦虑。

甚至还有这样的内容：《知乎点赞最高的 50 句文案，让你一眼就爱上！》《这个小长假的笑点，被知乎的文案承包了！》

当你点击进入会看到以下内容：

01
说一句很有内涵的诗句。
一懒众衫小。

02
你听过的第一个 3D 环绕音乐是什么?
丢手绢。

03
一整个比萨你要切 8 块还是 12 块?
8 块吧，12 块我吃不下。

04
如果你是别人，你愿意和自己处对象么?
想都不敢想，哪有这种福气。

05
要是在古代，姐的颜值能撑起整个青楼!
你是说你长得像柱子吗?

06
用一句话形容你的罩杯。
随爹。

× …

07
穷不是一种状态。
穷是一种常态。

08
你怎么一个人逛街啊？
半个人逛街我怕吓着你！

09
历史老师：你为什么交白卷？
我：我怕我会篡改历史。

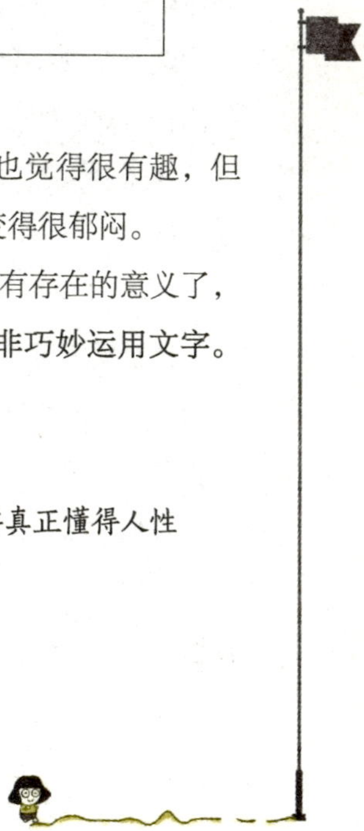

这些难道不都是段子吗？虽然看完后，我也觉得很有趣，但是一想到这些段子也滥用“文案”概念，我又变得很郁闷。

如果这是“文案”的话，那文案创作者就没有存在的意义了，去找那些诗人、段子手就好。事实上，**文案并非巧妙运用文字。而是要让你的文字产生效果。**

> “我们需要你，我们努力寻找的就是你这样真正懂得人性的人。”——克劳德·霍普金斯

1.2 这才是“文案”

到底什么才是文案呢？有一个很书面的解释：

文案，广告文案的简称，广告的一种表现形式，也是一种职业称呼。

感觉很官方是不是？还有一个官方又正经的解释：

广义的文案，指广告全部，包括广告策略、创意、图片等表现形式。

狭义的文案，指广告作品中文字的部分。比如广告中的标题、副标题、活动主题等文字。

优秀的文案创作者，绝不会狭义地认为文案只是文字，文字与广告策略、图片、视频等都是文案不可分割的一部分。

文案到底是什么呢？我也一直在探寻，直到有一天，我看到这句话：

“文案写手，就是坐在键盘后面的销售人员。”

这是美国零售广告公司总裁朱迪思·查尔斯给文案下的定义。这句话非常精准地解释了什么是文案。作为键盘后面的销售人员，我们的工作就不仅仅限于广告的文字部分，一切有利于销售的内容，我们都该思考。

判断一个内容到底是不是文案，关键看这个文案后面有没有商业目的。了解了什么是文案，相信你以后就不会再混淆概念了。

接下来我考考你：网易云音乐评论区的评论，是不是文案？

考考你

图为网易云音乐投放在杭州地铁的网友评论留言

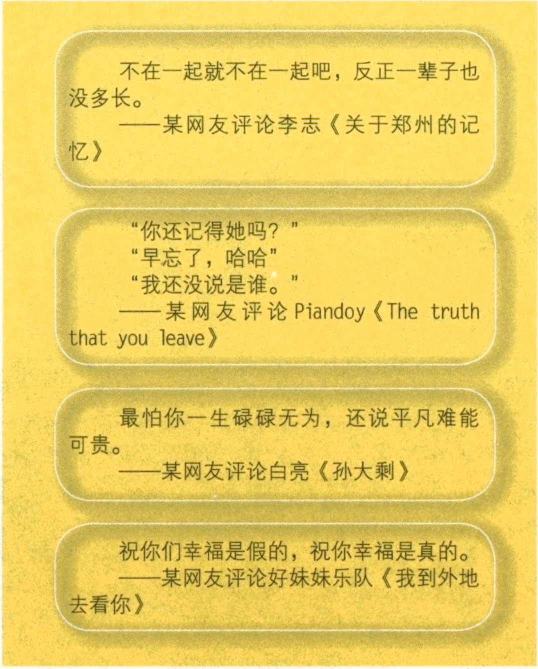

图为网易云音乐 APP 评论区留言

先思考 5 秒钟，给出你的答案，然后继续看。

如果你还是很难判断，记住一个词就好：**商业目的**。在评论区的文字是网易云音乐听众的感悟，而这些感悟被网易云音乐投放到地铁上就有了商业目的。不少看到地铁广告的人都拍照发朋友圈，借用这些评论在朋友圈表达自己想法，让更多人看到这个广告，知道了网易云音乐，这样就会增加网易云音乐的下载量，实现了商业目的。

敲黑板

判断是不是文案，重点看有没有商业目的。

认识文案后，你还有必要知道，我们在创作文案的时候，不同的阶段有不同的商业目的。

1.3　所有文案都逃不过的三个目的

文案并不仅仅是天马行空的创意和无法带动销售的文字，如果你是一个品牌的老总，你希望产品的文案发挥什么作用？

这里有三个选项：

（1）去写个文案，让我们的品牌一夜爆红！

（2）去写个文案，让用户喜欢我们的品牌和产品！

（3）去写个文案，把我们的产品卖爆！

如果我没猜错的话，你是不是把这三个选项都勾选了？

让品牌一夜爆红、让用户喜欢品牌和产品、把产品卖爆其实都是在销售。

文案工作的核心就是提高销量。而且和销售员相比，我们并不是直接跟用户面对面的沟通，而是隔着电脑、手机屏幕，通过我们的文案跟他们沟通。

沟通的目的，就是销售。

回想一下，你在看微信公众号文章的时候，有多少次会顺手买一些东西。或者在朋友圈闲逛时，也会顺手在微信好友那里买东西。那个能让你看完去下单的公众号文章和朋友圈看到的内容就是文案。

当你在天猫、京东等电商平台搜索一件衣服，看完商品介绍决定要不要下单时，你看到的那些就是文案。

在电梯、地铁站看到的海报广告、灯箱广告都是文案。有些广告文案是希望你直接下单去购买，而有些广告只希望你能记住他的品牌名以及他是做什么的，等到有需求时能够第一时间想到这个品牌。

虽然商业的目的无非就是销售，但在品牌的不同阶段、不同场景下具体的目的也有所不同。虽然都想要达成销售，但事实上，用户不会因为一次广告文案就马上购买。这犹如谈恋爱，大部分人无法做到一见钟情。我们的商业目的会分成三个阶段，让销售有个循序渐进的过程。每个阶段都有不同的目的，因此文案的核心工作就是实现这三个目的。

认知、情感、行动是所有文案都逃不过的三个目的。

文案的 3 个目的

认知—情感—行动

认知	情感	行动
认识我们	信任我们	购买我们
认识品牌		参加活动
认识业务		评论转发
知道我们		

这是美国广告学研究者拉维奇和斯坦纳总结的广告三个阶段，你会发现这三个阶段还是跟谈恋爱一样，首先你得让你的男神或女神知道你，认识你，然后才能慢慢培养感情，最后他才会决定，要不要与你确定关系。

认知

在这个阶段，我们广告文案主要目标就是让用户认识到有我们这个品牌，知道我们品牌是做什么的，把品牌名和广告语放大的广告大部分都属于这个范畴。

情感

这个阶段里，广告文案需要去解决情感信任问题。如何让用户认为我们的产品很好，并且还觉得我们就是比竞争对手好很多，甚至在我们的产品跟竞争对手几乎没有差别的情况下，却依然喜欢我们的品牌。

你看到的大部分感人的广告、微电影广告故事等基本都是这个阶段的产物。

行动

在行动阶段，广告文案的主要目的就是让用户能够行动起来。一般都是希望用户马上购买，或者直接参加我们的某个活动。电商页面看到的各种海报大部分属于这个类型。

几乎每个品牌都会经历这三个阶段，每个阶段都有不同的侧重点。我们可以看看可口可乐的历年广告语，你会发现可口可乐从认知到情感阶段，就花了几十年的时间：

可口可乐历年广告语		
年份	广告语	阶段
1886 年	Drink Coca-Cola（请喝可口可乐）	认知
1900 年	For headache and exhaustion, drink Coca-Cola（头痛疲劳，请喝可口可乐）	认知
1906 年	The Great National Temperance Beverage（伟大国家的无酒精饮料）	认知
1927 年	Around the Corner from everywhere（无处不在的可口可乐）	认知

1942 年	The only thing like Coca-cola is Coca-cola itself（只有可口可乐才是可口可乐）	认知
1957 年	Sign of Good Taste（好品味的象征）	情感
1987 年	Can't Beat the Feeling（挡不住的感觉）	情感
1993 年	Always Coca Cola（尽情尽畅，永远是可口可乐）	情感
2000 年	Coca Cola. Enjoy（可口可乐，每刻尽可乐）	情感
2009 年	Open Happiness（畅爽开怀）	情感
2016 年	Taste the feeling（品味感觉）	情感

在品牌上市阶段，可口可乐公司不断主打品牌本身以及产品功能，如“请喝可口可乐”“头痛疲劳，请喝可口可乐”“伟大国家的无酒精饮料”等，在很多仿冒品出现时，可口可乐公司开始主打“只有可口可乐才是可口可乐”，加强用户对品牌本身的认知。从 1957 年才开始培养用户对品牌的情感。

也许你会好奇，为什么这些广告语里没有看到“行动”的阶段？这个问题，我将在下个小节回答你。

考考你

淡泊坊品牌作为一个新品牌，现在需要在地铁投放广告，你认为以下哪个广告更适合？

A. 淡泊坊：肌肤提亮专家

B. 淡泊坊：淡泊明志　宁静致远

你先思考几秒钟，再继续看下去。

淡泊坊作为一个新品牌，广告文案处于认知阶段，所以文案的作用是告诉别人“我是谁，我是做什么的”，让用户认识到品牌并且知道品牌的特点。

“淡泊坊：肌肤提亮专家”不仅能让人知道品牌名，还了解到这个品牌的特色，甚至是行业属性。“肌肤提亮专家”说明淡泊坊是做护肤品的，“提亮”则是这个品牌的特色。

1.4　2 个文案类型理清你的工作内容

作为一个新手，也许你会问，那我到底要做哪些工作内容才能实现“认知”“情感”“行动”这三个目的。

你应该听过短文案、长文案、硬广告、软文广告等等名词，这些都是按文案呈现的形式进行分类的，而我们围绕着“认知”“情感”“行动”这三个目的，把文案分为两类：品牌文案和销售文案。

文案的 3 个目的

认知—情感—行动

认知	情感	行动
认识我们	信任我们	购买我们
认识品牌		参加活动
认识业务		评论转发
知道我们		
品牌文案		销售文案

文案目的不同，要表达的内容和特点也不一样。

记住这三个目的，让品牌文案和销售文案的创作有方向。

目的为“认知”“情感”的文案，就是品牌文案。你可以回想一下，你在电梯、地铁站、高铁站看到的很多灯箱广告，是不是都有以下三个特点：

1. 展示品牌形象及特点

文案重点在告知品牌名、品牌特点。你会感觉这些广告仿佛都在说这样一句话：“嘿，看我，快看我，我是某某品牌，我做某某事很擅长，记住我哦”。

在世界杯期间，知乎的广告虽然被很多人说重复得让人讨厌，但这却让人在短时间内记住了知乎。

知乎广告一直在重复告知所有人“有问题 上知乎”。知乎的广告文案是这样的：

著名演员刘昊然：你知道吗？你真的知道吗？你确定你知道吗？你真的确定你知道吗？

有问题，上知乎

上知乎，问知乎，答知乎，看知乎，搜知乎，刷知乎

有问题，上知乎

旁白：知乎。（画面：知乎，发现更大的世界）

试想一下，如果你想在很短时间内让你的男神或女神认识自己，最想说的是不是我是谁以及我最大的特点是什么。这些品牌广告文案也一样，大部分出现在电梯、高铁站、机场、户外的广告，它们跟用户的接触时间短暂，自然需要快速传递这些信息，达到“认知”目的。

2. 展示品牌精神

还有一部分广告会说："我崇尚 XXX，来看吧，这是我的精神世界"，这一部分广告更多侧重在让人喜欢这个品牌。如诸多运动鞋品牌，在产品上用户感受不到太多差异，反而会凭借对品牌的喜好来选择。

来看看耐克和阿迪达斯推崇的不同品牌精神吧。耐克很多广告中，都会体现个人的刻苦练习，如以下两个广告，分别是不同年份的品牌主题广告，但体现的品牌精神却非常相似。

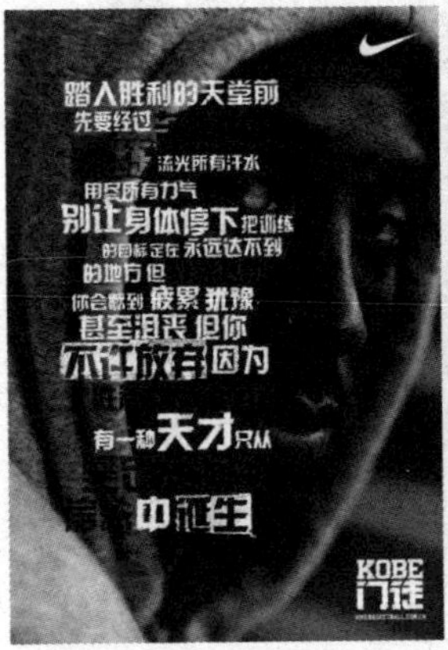

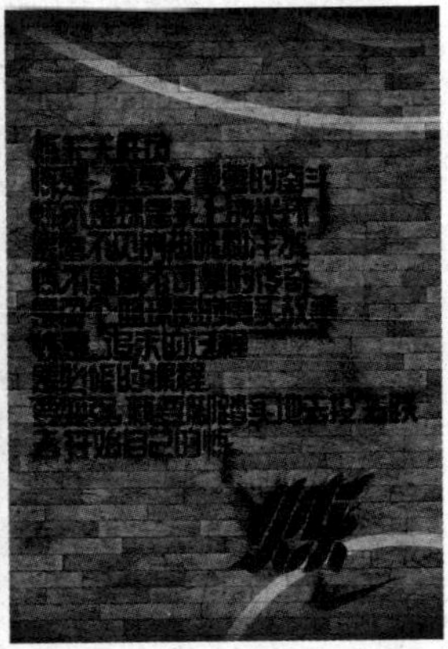

阿迪达斯在 2008 年期间推出"一起 2008""Basketball is a Brotherhood"（无兄弟，不篮球）这样的口号，这两个文案都在主打团队协作精神。在 2008 年奥运会氛围下，这样的价值观的确很容易引起用户共鸣。

品牌主张的精神不同，打动的人群也不同。如果说品牌是一个人，那么品牌精神就是这个人的价值观。你会长期喜欢一个人，也是因为这个人的内在吸引力。

3. 带动品牌传播

还有一部分广告会说“发生在我身上的这件事，你是不是也经历过？”

如下面这些文案，是不是有共鸣的人群会有转发的冲动呢？

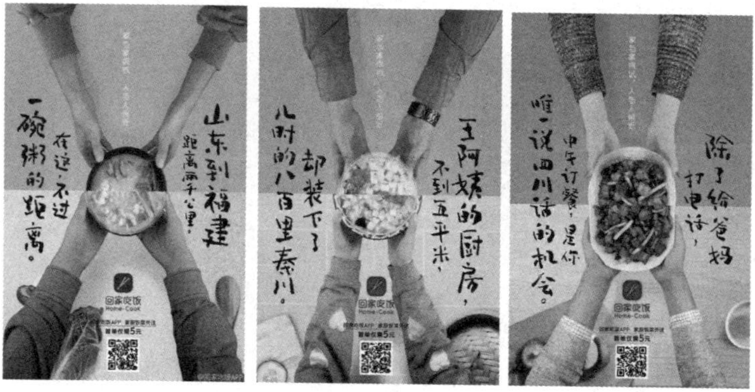

“山东到福建距离 2 000 千米，在这，不过一碗粥的距离。”

“王阿姨的厨房不到 5 平方米，却装下了儿时的八百里秦川。”

“除了给爸妈打电话，中午订餐，是你唯一说四川话的机会。”

这是回家吃饭 APP 的一组品牌文案，“回家吃饭”是一款家庭厨房共享 APP，主要由愿意分享的民间厨艺达人来做饭，通过配送、上门自取等方式，给忙碌的上班族提供美味的饭菜。这些文案不仅符合回家吃饭 APP 的特点——吃到家乡菜，对于一个在外工作的游子来说，吃到家乡的饭菜也是“回家”的一种方式。这组文案肯定能打动他们，或许还会把文案转发到朋友圈，借此表达一下思乡之情。

再来看一下丧茶的文案：

“年轻人嘛，现在没钱算什么，以后没钱的日子还多着呢”。很多年轻人可能也会忍不住把丧茶广告转发到朋友圈自黑一下。

品牌文案承担着“认知”“情感”的目的，所以展示品牌形象及特点、展示品牌精神、带动品牌传播这三个特点会非常明显。当你确定了文案的目的时，基本就可以从这三个特点入手来思考，应该侧重在哪一点，写作时才会更有方向。

记住这三个特点，让文案更有销售力

目的为“行动”的文案，主要是希望用户可以立即购买，实现这个目标的文案一般有以下三个特点：

1. 明确的产品卖点

介绍产品卖点，给别人一个购买的理由。如下面的广告图：

“MIUMIU 制造商出品，意大利进口皮料”就是产品卖点：大牌制造商以及皮料是意大利进口。

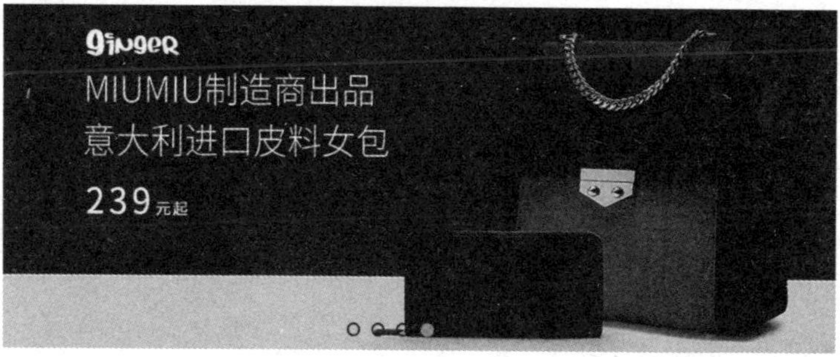

再来看一个天猫首页上推荐遮瑕气垫粉底的广告，文案“轻薄遮瑕，服帖透气”就是产品的卖点。

2. 立刻购买的理由

文案需要给用户一个立即下单的理由，为什么要现在购买。一般来说都是在有促销活动、特价的时候能让用户有立即下单的冲动。

如下面的这个广告：

“七夕节”“爆款限时特价”“8.14-8.18”这些都会让顾客容易产生现在不买就会错过的印象。

3. 明确的购买引导

“立刻下单”“立刻购买”这些标签都是在引导顾客点击购买。

如下面的广告中“全球大家电”是产品卖点，说明参与活动的品牌众多，“满 8 000 减 800”就是一个立即购买的理由，右边一个圆形按钮“速抢”就是一个明确的购买引导标志。

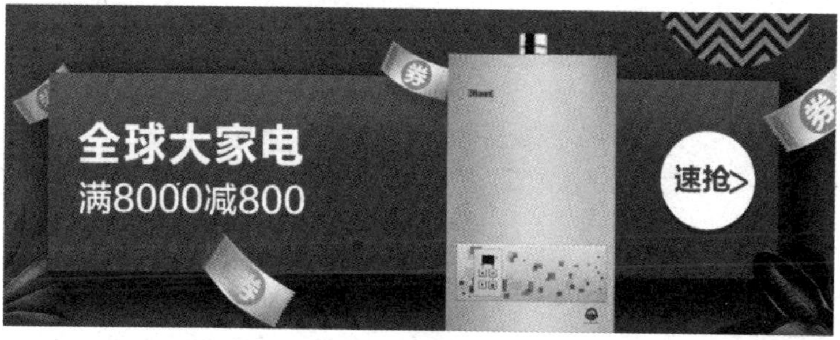

再如下面的广告文案：

“军训必备，爆款防晒清单”这是产品特点，告诉顾客这里是防晒产品，“让你白白过夏天”则是购买理由，意味着顾客用了这款防晒产品，可以白皙地度过夏天，“全场低至 19 元起！”就是一个立刻购买的理由，底部加了一个按钮形状的图，也是引导点击购买。

有没有觉得这些广告文案特别面熟？电商网站上的海报文案、商品详情文案、节假日促销活动文案，大部分都属于销售文案。

之前在我们的文案讨论组有过这样的讨论：

好文案是聊出来の讨论组

BringBring：其实，我不太清楚到底应该什么时候写品牌文案，什么时候写销售文案……

小国宝：是啊，我老板才不会跟我划分什么是品牌文案、什么是销售文案呢，他只会说写的走心点。

小鱼：的确，有很多老板不会告诉你要写品牌文案还是销售文案，那就去问问文案的应用场景、文案目的。

小国宝：应用场景，比如说用在微信公众号上。

小鱼：你还得问问文案是发在微信公众号上让别人看完后去购买，还是转发我们的文案（问目的），如果希望别人看完后立即购买，那这个文案就是销售文案，如果希望别人看完后转发，那这个文案就是品牌文案。

小国宝：那如果老板告诉我，是用在户外广告牌上呢？而且也不明确说目的。

小鱼：这个主要看应用场景跟用户的接触时间。一般来说，用户跟你的广告接触时间短，就重点侧重“认知”，比如你所说的户外广告，用户跟广告的接触时间很短，那就需要写一个品牌文案，重点在于告知，让用户几秒内看到广告就知道这是什么品牌，最大的特点是什么。

好文案是聊出来の讨论组

小鱼： 如果用户接触时间长，如在地铁上，有足够的时间看你的广告，这时候你也可以考虑做品牌文案，让看到文案的人喜欢它，甚至被它打动拍照发朋友圈。另外，如果你是放在电商网站的，那八成都是销售文案。所以，文案的类型重点看应用场景以及文案目的来确定。

BringBring： 销售文案都符合这三个特点好像很容易，效果也好。但是品牌文案似乎有点难，如重点在告知品牌名，体现品牌特点，就挺难同时展现品牌精神、带动传播。

小鱼： 是呢，销售文案符合的特点越多越好，品牌文案能符合三个特点当然好，但是很少能够全部做到，能聚焦在一个点上就很不错了。

BringBring： 那如果我确定了要写什么类型的文案，接下来应该如何思考呢？

小鱼： 别着急，我们进入下一小节，去 Get 一个万能写作思路去。

文案似乎没有一套判断好坏的标准，如同一杯茶，不同的人喝完，对这杯茶的评价也不一样。这也是很多新手在写完文案后，谁都能对他的作品提出修改意见的原因。

作为文案创作者，大多数不好的文案并非文笔不好，而是一开始没考虑清楚就匆匆下笔了。那么，到底应该如何思考呢？

其实文案创作的关键在于：

说什么，对谁说，在哪说，怎么说。

为什么用“说”这个词，而不是“写”？**好文案不是写出来的，而是说出来的。**

说什么：找到文案创作目标。

文案要达到的目标是什么？要让用户知道什么信息？感受到什么？发生什么改变？

对谁说：找到文案沟通对象。

品牌在对谁说话，这些人都有哪些特征？他们与我们的关系是怎样的？

在哪说：找到文案表现形式。

广告文案投放在哪里，我们在什么环境下与用户说话？

怎么说：找到文案创作方法。

基于说什么、对谁说、在哪说的基础，然后考虑怎么来表达。

1.5 24小时智能自助共享健身房的文案

“说什么，对谁说，在哪说，怎么说”这样的思路，也可以作为评价文案好坏的一套标准。

这一天，好文案是聊出来的讨论组突然很热闹：

好文案是聊出来の讨论组

海艳：大咖们，我刚写完一组文案，准备做一些贴纸，投放在我们场馆周围的商家，如餐馆、奶茶店、服装店这些店铺里。我用 PPT 模拟设计了一下，大家看看如何?

海艳：

BringBring：“干脆通宵吧，猝死的几率更大”这句话很有趣。

海艳：这么丧的文案，老大说我的语言可能太激进了。

静默：“每天 6 点准时到绿道，6:10 准时发圈，期待着我喜欢的妹子点个赞。”
你有去跑过步吗？去听听跑步的人在想什么，或许你的文案就出来了。

好文案是聊出来の讨论组

小鱼：静默的思考很不错，要考虑“对谁说”，不过我首先想的是“说什么”，我们这个产品是个运动 app 吗？这个产品有什么用？这次做广告目标是什么？

BringBring：应该是个健身 APP。

海艳：我们是个 24 小时智能自助共享健身房，按次收费，年卡 399 元，比传统健身房便宜很多。上面的二维码，是我们的小程序，扫码进去后可以查看附近健身房，我们希望用户可以直接在 APP 上购买健身券，到店里就可以使用。通过文案想让大家扫码，看到我们的不一样。

小鱼：海艳刚说的就是“说什么”部分了，我们可以再来看看“对谁说”，我们的目标人群是谁呢？他们有什么特色？

海艳：针对的人群主要是有跑步需求，但是没有跑步条件的人，当然，我们也很希望原本不跑步的人能够来跑步。

小鱼：嗯，比起劝原本不跑步的人来跑步，劝本身有跑步需求的人换个地方跑步显然更容易。目标人群应该是目前在健身房跑步的人。

静静：其实，健康的生活方式离你并不遥远，重新定义运动。
你与身边健身房的距离只差一个趣运动。
扫一扫二维码，查看身边的健身房去运动吧！

好文案是聊出来の讨论组

小鱼：@静静 离我们的文案目标越来越近了。

海艳：@静静 重新定义运动。👍

小鱼：如果我们要主打“认知”这个目的，根据现有人群特点，我也整理了一个文案：
健身房办个年卡很贵，
户外跑步还可能遇见“大灰狼”，
X 元，来一次专业又安全的跑步。
（二维码）
扫描二维码查看距离你最近的健身房。
底部固定广告语：趣跑吧，你身边的 24 小时智能共享健身房。

海艳：这个创作方向也很好，还有没有其他思路呢?

小鱼：有的，还可以根据广告投放场景，比如在餐馆里贴的广告：
又多摄入了 1 000 卡路里?
别再用“吃饱了才有力气减肥”的话来安慰自己。
拿起手机扫描下方二维码，马上跑起来!
（二维码）
X 元，来一次专业又安全的跑步。
底部固定广告语：趣跑吧，你身边的 24 小时智能共享健身房。

静静：忽然发现思路被打开了很多。

BringBring：如果是在卖衣服的店铺投放，我会准备这样的文案：
S 码的衣服装不下 L 码的身材?

好文案是聊出来の讨论组

BringBring：

别再用“我明天再减肥”骗自己了。
拿起手机扫描下方二维码，搜索最近的 24 小时智能共享健身房！
（二维码）
X 元，来一次专业又安全的跑步。
底部固定广告语：趣跑吧，你身边的 24 小时智能共享健身房。

海艳：

@BringBring 很棒啊！

小鱼：

其实海艳原本的文案也是个不错的思路，只是需要重点考虑“说什么”“对谁说”，然后再考虑“怎么说”。即使你要去评价别人的文案好不好，也要首先考虑“说什么”，即这个广告文案的目标是什么，需要让用户知道什么信息；“对谁说”——用户是谁，他们关注什么？再评价“怎么说”，即有没有传达出要说的点，跟用户有没有关联。

海艳：

明白了，下次让别人给建议时，我也应该交代清楚这些，否则别人也不好评价。

BringBring：

我又有个疑问“说什么、对谁说、在哪说、怎么说”这四个步骤怎么写有没有具体的方法？这么看，还是感觉有点模糊。

小鱼：

有的，每一项都有具体的方法，后续我会详细说，但是在这之前，大家也一定要有一个大概的概念和思路。

BringBring：

期待。

敲黑板

能够系统考虑“说什么、对谁说、在哪说、怎么说”的文案，才会更有效，更能打动用户。

考考你

以下是两个房地产文案，你认为哪个更能打动人？请用“说什么、对谁说、在哪说、怎么说”来分析你认为做得好的文案。

花 3 分钟时间填写下方对应内容后，我们再来讨论。

说什么：

____

____

对谁说：

____

____

在哪说：

____

____

怎么说：

____

____

如果我没有猜错，你应该选择了第二个文案吧，“故乡眼中的骄子，不该是城市的游子。三万首付，扎根珠海”。

我说过文案不是写出来的，是说出来的。想象一下，你是个地产销售员，你会对客户说“品质传承，荣耀人生”这样的话吗？显然不会。

一个好的销售员，每一次跟客户沟通都会有一个明确的目标，也会去分析用户，了解他们关注什么，在乎什么，然后再把能吸引到用户的话说出来。

说什么：首先确定文案的目标。

勾起用户买房的需求和冲动，而且首付只要 3 万元。

对谁说：找到文案目标人群。

目标人群是在城市漂泊没有买房的人。这些人在故乡都是很优秀的人才，但是在这个城市工作，却始终没有属于自己的房子，想买房但碍于首付太多，一直没有购买。

在哪说：这里没有明确的显示。

一般在哪说，都会考虑跟沟通对象相契合。

怎么说：找到文案创作方法。

基于“说什么”“对谁说”“在哪说”再考虑应该怎么说。

“故乡眼中的骄子，不该是城市的游子。”对于这部分人群来说，这句话也是他们自身经历的反映，会有“这个地产商懂我啊”的感觉，如果针对本地人，显然就没有这个效果。“三万首付，扎根珠海”则是广告重点要表达的有吸引力的信息，也是给这部分人群一个去详细了解这个房子的理由。

第二章

1 个工具，找准要说的点

80% 文案新手都容易专注于文案写作而忽略文案目标——我们为什么而出发？想让用户知道什么？感受到什么？做出哪些改变？这些都是文案写作前必须思考的。

2.1 为什么你的文案费尽心思却没效果

不要在乎广告有多么光鲜或抢眼……也不用管能引起多少大众兴趣。最关键的是“广告能否带来销量？”广告投入的好处是什么？——20 世纪 50 年代美国最大的广告公司 *L. Thomas of Lord and Thomas*

很多文案新人有时候并未意识到自己的广告别人看不懂。

有一次，我在天猫首页位置，看到这样一个广告图：

广告主题是“猫曰新启程”，主题下方是品牌名，这个品牌名我不认识，也不知道是卖什么的，下方还有一句文案“质守慢

成长”。左边两个小孩，一个小孩吃着猕猴桃，一个小孩抱着一个球。

那么，问题来了，你知道这个广告是卖什么的吗？

有些人会猜，应该是卖儿童玩具吧。

还有人猜也可能是卖儿童衣服。

甚至还有人猜是不是卖猫粮的，看到主标题说什么“猫曰”……

等我点进去才发现，这是一家卖天然有机棉婴幼儿服装的，并且此时此刻，这个店铺正在做满 300 减 60 的活动。

what？有这么多吸引别人点击的卖点，你却在天猫首页花广告费，只说“猫曰新启程”。

这是要跟用户玩“广告猜猜看”的游戏吗？如果一个广告看不懂，还需要潜在顾客去猜，那这个广告真的挺失败。

这样的广告，都属于无效的广告。

画重点

用户太匆忙，没时间跟你玩广告猜猜看的游戏。

除非你的广告创意原本就是让别人猜内容，否则不要让用户去猜。

出现这种情况的主要原因是很多新手文案想刷存在感，文案创作前没有一个明确的目标。

作为文案新人，不要总想着刷存在感、炫技。

文案这工作似乎人人都懂，人人都能写。文案新人也总有一种“语不惊人死不休”的执念，因为只有自己的文案写出来跟其他人不一样，才能显示出自己的价值。

我刚开始创作文案的时候恨不得把文字写出花来，堆砌形容词，运用谐音，甚至自造词汇，不过总被老板批评，因为这些文案都存在一个共同的问题：别人看不懂。

> **“你不愿让家人看到的广告，不要做。你不会对你的妻子说谎，那么也不要对我的妻子说谎。”——大卫·奥格威**

如果拿到文案任务，全然不顾文案目标，这样会导致一开始文案的写作方向就是凌乱的，没有一个明确的切入点。因此在动手之前要先确认文案目标再写文案，写完文案后，还需要对照原定的文案目标，看看有没有达到目标，这也是你对文案好坏的一个评判标准。

文案目标应该如何定呢？接下来我有一个文案 GPS 目标导航工具想介绍给你们参考。

> **“我们走得太远，以至于忘了为什么而出发。”——纪伯伦**

2.2 文案 GPS，找到文案要说的点

看不到我们的目标，就可能事倍功半。——沃尔特.凯利，漫画家

“听说你是写文案的，我有个产品文案需要写，你帮我写吧”

“嗯，你想写成什么样的？”

“好像也没什么值得写的，产品就这样，你帮我写写吧，我要是知道怎么写，我肯定自己写了”

“……”

以上的对话或许大家都遇到过，要想解决这个问题需要掌握一个工具——文案 GPS。文案 GPS 目标大纲主要分为四个部分，明确说话对象、文案的变化结果以及基于这两点分别从理性上信息传达，从感性上情绪推动。这四个部分将决定你文案创作的整体方向。

文案 GPS 目标大纲

明确说话对象	文案的变化结果	从理性上信息传达	从感性上情绪推动
写给谁看	认识我们	信息 1	喜欢
性别年龄	改变认识	信息 2	信任
习惯偏好	认同我们	信息 3	恐惧
……	决定行动	……	……

明确说话对象：我们这个广告文案是写给谁看的，用户的性别、年龄、习惯、爱好等方面都要考虑到。

文案的变化结果：我们要让用户看完这个广告文案后，对品牌的印象有所改观。电商页面的商品详情文案想让用户仅仅是随便看看就能够立即购买；广告形象宣传片想要让用户记住这个品牌名；危机公关的文案想要获得的结果是让人看完后，能改变原本对相关事件的认识……不同的文案，想要获得的结果是不同的。

从理性信息上表达：让你的目标人群知道哪些信息，他们才会考虑购买。比如，商品文案需要说出商品的哪些卖点才更容易打动他们。把这几个主要卖点列出来。

从感性上情绪推动：想让一个人做出变化，仅仅获得理性的信息是远远不够的，还应有感性的触动。我们要让用户在文案中感受到的情绪主要分为两种：正向情绪；负向情绪。正向情绪包含激动、喜悦、惊喜、信任等，负向情绪包含恐惧、焦虑、愤怒等。

如以下两组文案，你能够很明显地感受到文案中的情绪：

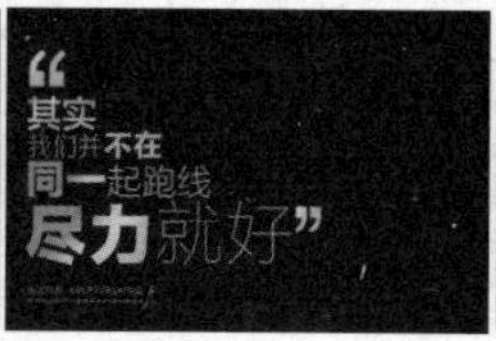

一组比较励志；一组比较负能量，比较丧。

这些带有情绪的文案很容易被记住。当然，并非所有文案都一定要充满情绪，我们之所以要考虑到文案的情绪，是因为这样会更有利于后期文案的写作。

为了更方便运用，我把这四部分罗列成一个表格：

文案 GPS 目标大纲（表格填写版）

明确说话对象	
文案的变化结果	看完我们的文案后，他们将……
从理性上信息传达	1. 2. 3.
从感性上情绪推动	1. 2. 3.

接下来如何具体运用呢？我们再尝试把开篇那个看不懂的“猫曰新启程”拿过来讨论一下它的文案 GPS 目标大纲。

一个天猫首页广告如何确定目标大纲？

首先我们了解到这是一家卖天然有机棉婴幼儿服装的，并且正在做满 300 减 60 的活动，现在要投放一个广告在天猫首页。

那么，你觉得是写给谁看的呢？

毫无疑问这个店铺的目标人群是妈妈们。

在“变化结果”上，希望别人看完后能产生什么行动呢？你可以试想一下，如果你开了一个天猫店，在首页投放广告，你希望别人看完后产生什么反应呢？一般来说，我们都会希望别人看完广告立即点击进入店铺，查看更多信息，对于那些只是看，但是没点击的用户，也希望他们能够了解我们的品牌和特色；

那么，为了让用户明白我们的特色，并且提高点击率，我们需要让用户知道什么信息呢？毫无疑问，肯定是要说自身的特色——天然有机棉，但是光说天然有机棉对方未必感兴趣，我们需要考虑到天然有机棉跟用户之间的关联，即天然有机棉能给用户带来什么好处呢？天然有机棉能够带来的舒适感、安全性通过告知促销活动吸引对方立即点击。

他们需要感受到什么呢？因为并非所有人都熟悉这个品牌，所以前期希望用户能感受到的是这个品牌感觉还不错啊。

把内容填充到 GPS 目标大纲，就会是这样：

明确说话对象	逛天猫的妈妈们，她们在乎服装的舒适度、安全性
文案的变化结果	看完我们的文案后，用户将认识到我们这个品牌衣服都是用天然有机棉做的，并且愿意进入旗舰店详细了解
从理性上信息传达	1. 我们是天然有机棉做的衣服，穿起来会很健康舒适、安全 2. 现在正在做促销活动
从感性上情绪推动	这个牌子的衣服看起来还不错哦

既然我们想让用户知道衣服的材质是天然有机棉以及品牌的促销活动，那么在主标题和副标题上，就必须传达出这两条信息。

主标题如果是“天然有机棉”，你会发现有点弱，毕竟这个特色用户未必会关注，他们未必能够迅速了解到这个天然有机棉能够带来的好处，所以需要再添加一句“更健康安全”。“更健康安全”体现了天然有机棉的优势，这恰好也是妈妈们最关心的问题。当然整个文案还要让不熟悉我们的用户知道我们是做什么的，因此最终呈现的结果是这样：“天然有机棉，更舒适安全的婴儿服。”

副标题直接把促销活动加上——“满 300 减 60”，再添加一个按钮“立即购买”，可别小瞧了这个按钮，这个按钮能够加强人的潜意识行为。

最终结果就成了下面的这个广告图：

现在这个图还会让你不知道是卖什么商品的吗？

对比一下会发现这个文案并非充满才气，但却朴实有效。

我们去评判一个文案好坏的核心标准是这个文案有没有完成原本预设的目标，而不是看起来是否精美、是否有意境、是否有才气等。

敲黑板

不达目标的文案都是耍流氓！

网易严选如何通过一场促销活动改变你的认知？

一提到网易严选，大多数人都觉得这是一家风格像无印良品但售国货的电商网站。事实上网易严选本身的定位并非如此，广告语“以严谨的态度，为中国消费者甄选天下优品”其实就是严格为你挑选好的商品。

如何通过一场促销活动改变用户现有的认知，让人感受到网易严选严格挑选商品的态度，网易严选给出的定义是：好看好用。

针对这个促销活动，我们先罗列一个文案 GPS 目标大纲：

明确说话对象	网易严选网站购物人群，潜在人群
文案的变化结果	看完我们的文案后，他们将……认识到网易严选在商品的选择上很挑剔，商品质量好，外观也好看，并考虑购买
从理性上信息传达	1. 严选挑选商品的态度：力求好看，好用。 2. 现在正在做促销活动
从感性上情绪推动	网易严选真的很尽心尽力，很严谨

明确说话对象：

现有网易严选网站的用户的消费偏好一定会是那种比较在乎产品好不好看，好不好用的人。

文案的变化结果：

看完我们的文案后，他们将改变原来对网易严选的印象，并且考虑立即购买。

从理性上信息传达：

（1）网易严选挑选商品的态度：好看、好用。

（2）现在正在做促销活动。

从感性上情绪推动：

网易严选用严谨的态度为你挑选好的商品。

当我们把这个目标大纲确定后，基本就能确定思考的方向。比如：怎样才可以表现严格挑选？怎样表现出商品的好看好用？

1. 促销活动形式

促销形式就是四舍五不入。结算时如果订单金额第二位小于或等于 4，则保留第 1 位，其余都变为 0。

这样的促销活动形式，带着一点对数字强迫症式的洁癖。

2. 活动主题文案：

活动主题就是促销形式：四舍五不入。

主题文案：

网易严选的美学

有一点点强迫症

每一个选品都想

好看好用到极致

3. 商品展现形式

只有一个海报的说服力是远远不够的，在商品的展现形式上，强迫症式地按照颜色、形状分类；

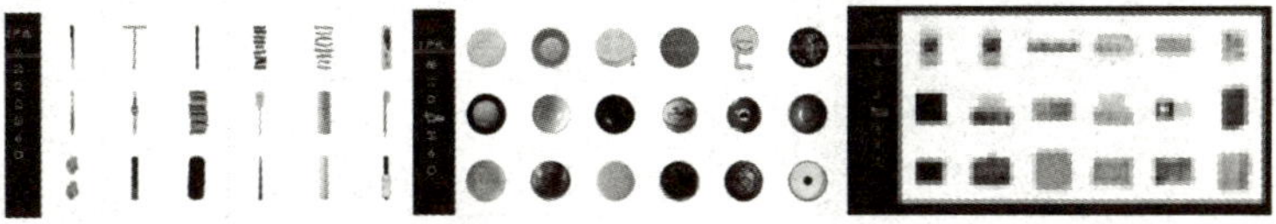

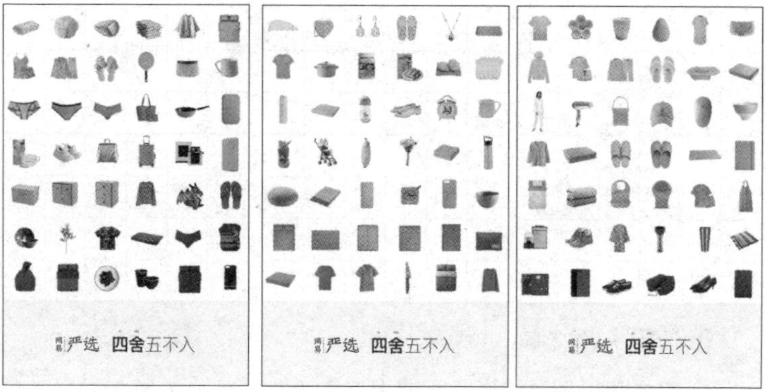

4. 商品详情页文案

当用户开始感兴趣主动查看单品时，在单品的商品描述上，也在不断加强严谨、商品好用的印象。

如一款主推的旅行箱。

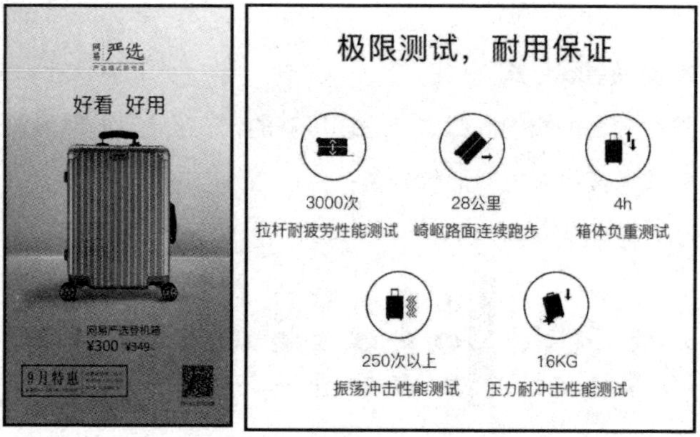

商品宣传海报上也会明确地写着“好看好用”，好看用图片展示就好，而好用如何体现呢？网易严选选择在商品详情页上放

一个“极限测试，耐用保证”的说明。上面详细说明了网易严选如何保证商品好用：

3 000 次拉杆测试性能测试；
28 公里崎岖路面连续跑步；
4h 箱体负重测试；
250 次以上震荡冲击性能测试；
160KG 耐冲击性能测试；

不仅仅是这一款商品，在很多商品页面都会有所体现，如：

一款床上用品四件套加上一个称为“严选历程”的说明，详细说明了严选团队是如何追随原料与工艺，严格的细节把控，去了哪些地方，从原料选择到染印上色，再到制造工艺每个环节严格把控。总之就是告诉你，商品不是随随便便上架的，是经过严格挑选和把关的。

整个促销活动，从活动主题、活动主题文案、商品的展现方式、单个商品的描述等没有一个元素是多余的，全部都是为了打破大部分人对网易严选最初的印象，感受到网易严选在选品上的挑剔、严苛。

画重点

广告中所有元素，都应该为目标服务！

相信我，当你开始按照这个文案 GPS 目标大纲思考时，你已经表现出了一个文案创作者的专业性。

2.3 卖点这么多，到底说哪个

很多品牌方觉得自己的产品是天下无敌的，他们能说出产品许多特点，然后会要求你全部都写进去。于是你的文案 GPS 目标大纲“从理性上信息传达”的选项被填的满满当当。如果按照要求全部写出来用户或许会因为信息量过载一个特点都记不住，最终导致文案无效。

应该如何筛选呢？

我们主要分为三步：

将所有卖点列出

↓

按照用户关注度进行排序

↓

考虑跟竞争对手的差别

有一次我们文案训练营安排给猫王音响写文案，主要在微信公众号上推广产品，想让文艺青年看完文案后认识到产品特点并且想要购买。按照流程，我们得先定下来文案 GPS 目标大纲，但是在“从理性上信息传达”这里，大部分人都在纠结到底应该让用户知道什么才会触动他们购买呢？

猫王音响

接下来按照三个步骤试一试：

1. 将所有卖点列出

（1）蓝牙连接。

（2）可持续播放 10 小时。

（3）产品的造型很复古。

（4）产品的材质是原木。

（5）产品是手工打造的。

（6）创始人故事充满情怀。

（7）造型小巧精致。

（8）每一台音响都有独立编号。

（9）选用 20 世纪特有真空荧光显示电子管。

把以上卖点做一下分类，你会发现（1）（2）选项是关于功能的描述；（3）（4）（5）（7）（9）选项是关于造型的描述，都在支撑造型复古这个卖点的，我们把他们都归类到“造型复古”的卖点里。把以上卖点进行梳理后，就成了这样：

（1）功能：蓝牙连接、播放时间长。

（2）造型：复古。

（3）故事：创始人故事充满情怀。

通过初步筛选，我们就能找到需要重点突出的卖点。

2. 按照用户关注度进行排序

哪个卖点对于文艺青年来说最有吸引力呢？大多数文艺青年会毫不犹豫地选择“造型”，其次是“故事”，最后才是“功能”。

排序结果如下：

（1）造型：复古。

（2）故事：创始人故事充满情怀。

（3）功能：蓝牙连接、播放时间长。

我们要站在用户的角度，找到卖点的重要程度排序。

3. 考虑跟竞争对手的差别

对于用户来说，他还可能把我们的产品跟其他同类产品对比，我们需要尽可能把自己跟同类产品不同的地方重点宣传。

造型上，这款音箱做到了足够特别；

故事上，对用户也有吸引力；

功能上，你会发现这个音箱相对来说比较弱，毕竟蓝牙连接、播放时间长，一般其他的音箱也能做到。

关于这个音箱的文案 GPS 目标大纲，最终会是这样：

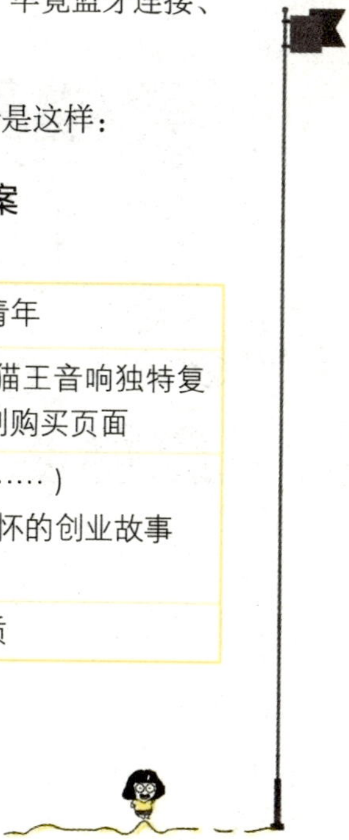

一篇投放在微信公众号上的文案

明确说话对象	有点小情怀、小追求的文艺青年
文案的变化结果	看完文案后，他们将认识到猫王音响独特复古型特点，并点击链接进入到购买页面
从理性上信息传达	1. 造型：复古（原木、手工……） 2. 故事：创始人 50 岁，有情怀的创业故事 3. 功能：蓝牙、播放时间长
从感性上情绪推动	这个品牌的音箱符合我的气质

在这个目标指导下的文案会更侧重在描述造型上，或者以造型为主线，其次会提及创始人的故事，在功能上会做简单的说明。

2.4 学完就用：让文案更聚焦，更有效

如果让你负责为膳魔师儿童保温杯写一篇文案，投放在宝妈类的微信公众号上，你会如何填写目标大纲？选取哪些卖点？

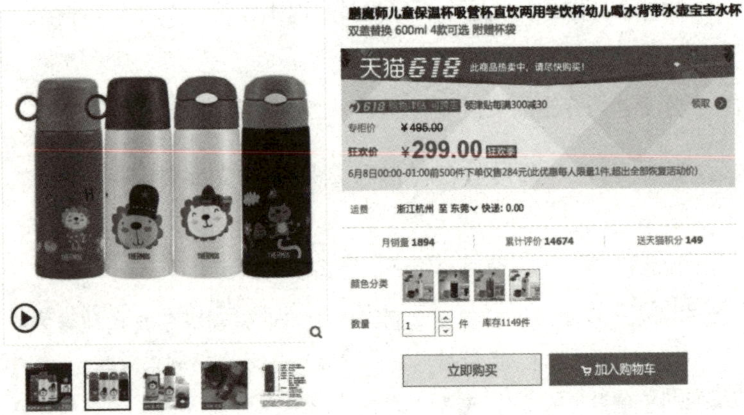

这个文案我们讨论组也进行了激烈的头脑风暴：

好文案是聊出来の讨论组

小鱼：首先我们要明确目标大纲中的“明确说话对象”，大家觉得谁会来购买这款杯子呢？

无邪：父母，注重品质的父母。

BringBring：对，有购买力的。

飞飞：我觉得还有可能是送礼的人。

小鱼：为什么你们会有这样的判断？

文案 GPS 目标大纲（表格填写版）

明确说话对象：	
文案的变化结果	看完我们的文案后，他们将……
从理性上信息传达	1. 2. 3.
从感性上情绪推动	1. 2. 3.

无邪：儿童杯是给孩子用的，但孩子年龄比较小，也不会自己看微信公众号，所以主要是给父母看。

好文案是聊出来の讨论组

小鱼：@无邪，这个观察很不错，有时候购买者和购买决策者不是同一个人群，这时候我们主要看应用场景，我们的文案是投放在哪里，主要针对谁来写。

小鱼：就像今天下午一个小伙伴提问：自己的产品是政府采购，但是使用者却是学校，文案到底应该是写给谁看呢？这时候我们就看具体投放场景。在给政府的产品宣传册上，当然主要是针对政府来写，但是在校园里，肯定是针对使用者做广告，使用者还可能反向影响购买决策者。

BringBring：对，就像那些儿童玩具，孩子看完了奥特曼之类的广告，就去要求爸爸妈妈买，所以那些广告基本都是做给孩子看的。

小鱼：那么为什么你们会觉得是注重品质的父母？或者是送礼的人？@飞飞

飞飞：小鱼老师，你终于注意到我了！我的目标人群包括送礼的人，是因为这个牌子其实在保温杯中是一个很不错的品牌，另外就是这个价格其实还比较贵，一般保温杯才 30 到 100 元不等吧，所以这样的杯子送人是很有面子的。

BringBring：我觉得之所以目标人群是注重品质，有购买力的，也是因为这个价格和品牌。

小鱼：很棒，大家有没有发现，其实从产品本身的设计、用途、价格、品牌都能圈定一部分特定人群？

好文案是聊出来の讨论组

BringBring：对。

小鱼：所以，我们先确定一部分有代表性的人群，这款杯子是买来给孩子用的父母多，还是买来送礼的人多呢？我们挑选一个主要人群。

无邪：选择注重品质的父母吧，感觉这个人群会更多一点。

飞飞：嗯，可以。

小鱼：那我们就选择在“明确说话对象”这一栏里，填写上“注重品质、有购买力的父母”。

BringBring：嗯，已经填上了。

BringBring：

明确说话对象	注重品质、有购买力的父母

小鱼：好，目标人群差不多确定了，我们继续填写下一栏，想要获得的“文案的变化结果”，我们希望别人看完后产生什么变化和结果呢？

无邪：剁手，买！

BringBring：立即购买。

飞飞：认同保温杯的价值，想要立即购买。

好文案是聊出来の讨论组

小鱼：好，我们暂时确定为“认同保温杯的价值，想要立即购买。”

BringBring：嗯，填好了：

BringBring：

明确说话对象	注重品质、有购买力的父母。
文案的变化结果	看完我们的文案后，他们将认同保温杯的价值，想要立即购买。

小鱼：好，接下来重点来了，如果要让这些父母“认同保温杯的价值，想要立即购买。”他们需要知道什么信息才更容易产生这样的行为呢？或者说哪些特点会让别人认可并且立即购买这个保温杯？

飞飞：我记得，现在我们要用到小鱼老师之前说过的 3 个筛选卖点的步骤：
将所有卖点列出——按照用户关注度进行排序——考虑跟竞争对手的差别。

BringBring：@飞飞，哎哟，学霸啊。

无邪：大品牌，品质绝对没有问题，保温效果好。

静静：外形好看，图案很可爱。

海艳：这个保温效果很好，应该能保温一天的时间，我家有一个。

好文案是聊出来の讨论组

小鱼：

好，那我们先把这些都罗列出来：
第 1 步：将所有卖点列出。
（1）图案可爱
（2） 600ml 大容量
（3）两个不同功能盖子，可以替换
（4）保温长达 6 小时
（5）有促销活动
（6）品牌知名度

飞飞：

我知道了，接下来我们要做的就是“按照用户关注度进行排序”。

BringBring：

@ 飞飞，学霸学霸。

小鱼：

嗯，没错，我们接下来站在用户的角度来筛选，哪个卖点是能让你觉得可以花 300 元去买一个保温杯的理由？我们筛选出重要的三条出来。

无邪：

（2）、（4）、（6）

BringBring：

（3）、（4）、（6）

飞飞：

（4）、（5）、（6）

海艳：

（1）、（3）、（4）

小鱼：

你们有没有发现，有个选项你们都提到了。

好文案是聊出来の讨论组

无邪：4，还有 6。

BringBring：对，看样子大家都比较在乎这个保温杯的保温时间和品牌。

小鱼：对，我们可以再回顾一下我们想要的结果：“立即购买”，什么因素更容易让人有想要立即购买的冲动呢？

飞飞：毫无疑问，肯定是促销活动啊。

无邪：对，促销活动会让人感觉最好现在购买。

静静：所以，5 选项也非常重要。

小鱼：我们可以站在用户的角度尝试分析每一个选项：

（1）图案可爱（比这个便宜的还能做得更可爱的保温杯很多，因此优势不够大）。

（2）600ml 大容量（其他的保温杯也能做到）。

（3）两个不同功能的盖子，可以替换（其他保温杯此类设计不多，值得说）。

（4）保温 6 小时（其他保温杯一般 2~3 小时，功能性强，值得说）。

（5）促销活动（这是个可以促进行动的卖点，值得说）。

（6）大品牌值得信赖（大品牌意味着安全）。

小鱼：最终，我们就先定下来让用户知道的三件事：

好文案是聊出来の讨论组

小鱼：保温时间长、有促销活动、品牌知名度，接下来这三个选项，进行一下排序，你们会如何排序呢？

（1）保温时间长达 6 小时。

（2）有促销活动。

（3）品牌知名度。

无邪：（1）保温、（3）品牌、（2）促销

BringBring：（1）保温、（3）品牌、（2）促销

静静：（3）品牌、（1）保温、（2）促销

海艳：（2）促销、（1）保温、（3）品牌

小鱼：我首先来说说为什么不能把选项 2 促销活动排列在第一个重点位置，我们知道，这个文案是要写完后投放在妈妈类的微信公众号上，你会愿意掏 299 元买保温杯么？

无邪：其实促销价格并不低。

飞飞：不符合逻辑吧。

BringBring：不会，有一种强塞感。

静静：有钱人不缺钱，在不知道你东西好不好的时候，告诉他促销，他本身没有兴趣的。

好文案是聊出来の讨论组

小鱼：关键是当用户都不熟悉一个产品的时候，你就让人家买，这个……是不是没啥道理啊？
对于大部分人来说，299 买个保温杯还是比较贵的。如果这个文案是投放在自己品牌的公众号上，重点说促销肯定是没有大问题的，针对的人都是熟悉了解这个商品的人，因此一旦有促销活动，那些本来就有需求的人就会选择购买。

无邪：对，我们是投放在宝妈微信公众号上，其实不是所有人都认识这个商品。

BringBring：所以，前期还是应该让别人知道这个保温杯的最大亮点，保温时间长啊！

飞飞：如果送礼的话，还是会更注重品牌多一点。

小鱼：@飞飞，对，关键是我们针对的是父母，如果是针对送礼人群，品牌的重要性显然会更有效。

飞飞：其实主要就是选出对于大部分用户来说最重要的卖点。

BringBring：我知道了，所以按照用户关注度进行排序后，结果是这样：
（1）保温时间长达 6 小时。
（2）品牌知名度高。
（3）有促销活动。

好文案是聊出来の讨论组

飞飞：接下来我们可以进入到第三步筛选了：考虑跟竞争对手的差别。

BringBring：对，我们将以上几个卖点跟其他保温杯对比，哪些卖点是这个保温杯能做到，但是其他保温杯做不到的?

无邪：我觉得还是那个保温时间长比较有吸引力，其次还是品牌，最后是促销。

小鱼：保温杯一般的保温时间都是 2~3 个小时，这个保温时间长的确是大部分保温杯无法做到的，因此是值得特别拿出来说的，而且用户也比较关注。

BringBring：所以，文案 GPS 出来了：

BringBring：

明确说话对象	注重品质、有购买力的父母。
文案的变化结果	看完我们的文案后，他们将认同保温杯的价值，想要立即购买。
从理性上信息传达	（1）保温时间长达 6 小时。 （2）品牌知名度高。 （3）有促销活动。

小鱼：是呢，需要让别人知道什么属于理性方面的沟通，我们接下去还要考虑感性沟通，就是我们要让别人感受到什么。

好文案是聊出来の讨论组

飞飞：感受一般指的是情感、情绪……

无邪：让人感受到值得信赖，安心。

BringBring：感觉到自己很会挑啊，是一个明智的妈妈。

静静：还能感受到大品牌带来的一些虚荣心的满足。

小鱼：是，你们有没有发现，其实“从感性上情绪推动”也是“从理性上信息传达”的信息中能够带来的一些感受。保温时间长带来的感受可能会是：我挺会挑选商品的，是个好妈妈。品牌知名度带来的感受会是：满足了自己的虚荣心，感觉有面子，感觉到安心。

BringBring：对哦，有促销活动能够带来的感受就会是：我太精明了，能在这么优惠的力度下买下这个保温杯。

无邪：嗯，@BringBring，你是不是要把最终的文案目标GPS大纲呈上啊。

BringBring：嘿，我已经搞定了：

BringBring：

明确说话对象	注重品质、有购买力的父母。
文案的变化结果	看完我们的文案后，他们将认同保温杯的价值，想要立即购买。
从理性上信息传达	（1）保温时间长达 6 小时。 （2）品牌知名度高。 （3）有促销活动。
从感性上情绪推动	杯子还不错哦，安心，带出去也挺有面子的。

好文案是聊出来の讨论组

小鱼：好了，一个文案 GPS 目标大纲是不是就出来了。那么，接下去要写的文案，大家还会愁不知道应该写什么吗？

无邪：大概知道以后要写什么了。

BringBring：不会感觉没东西写。

飞飞：我发现了一个问题，我经常写着写着就不知道写到哪里了，如果把这个目标大纲拿出来看看，这样可以及时调整方向，文案内容就不会跑偏。

小鱼：没错。值得注意的是这个大纲内部之间也是有关系的。

小鱼：明确说话对象，需要初步划定目标人群，文案的变化结果，重点在理清楚文案目标，我们想要对方看完后产生什么变化或者行动，如果要获得这个结果，我们需要让对方知道什么信息，感受到什么信息。这样梳理下来，就会找到了文案的内容方向。保证以后的文案不会跑偏方向，也会让文案变得更有目标性。

无邪：我准备好好回去改我的作业了。

BringBring：再见，我要去写我的文案目标大纲了。

考考你

XX 面膜是很多明星都在用的平价面膜，现在需要在时尚类的微信公众号上投放一篇文案，希望能够促进销量，你能给这个文案写一个目标文案大纲么？

文案 GPS 目标大纲（表格填写版）

明确说话对象	
文案的变化结果	看完我们的文案后，他们将……
从理性上信息传达	1. 2. 3.
从感性上情绪推动	1. 2. 3.

“说什么比如何说更重要，诉求内容比诉求技巧更为重要。”——大卫 · 奥格威

鲸鱼笔记

（1）不达目标的文案都是耍流氓。

文案首先要做到的不是言辞精美，而是精准传达出信息，能够理清楚要让用户产生什么改变，要产生这个改变，需要让用户知道什么信息，感受到什么？这个思考在文案创作前非常重要，决定了未来文案创作创意的方向。

（2）广告中所有元素，都应该为目标服务。

就像那个网易严选的广告，没有任何一个设置是多余的，所有的平面设计、促销广告设计、文案都在为目标而服务。

（3）当卖点很多时，不知道应该重点说哪些时，可以用这三步进行筛选：将所有卖点列出——按照用户关注度进行排序——考虑跟竞争对手的差别。

第三章

1 个工具，找准文案沟通对象

好文案能准确吸引到潜在用户。那么我们应该如何找到他们？知道他们的喜好？找到他们与我们文案之间的关系？

3.1 你以为的目标人群很可能都是错的

老板，我们新款真丝衬衫的目标人群应该是哪些人啊？

当然是所有人！女人要穿，男人也可以买来送给女人。

……

是不是觉得老板说的话没错，我们先来看个小故事：

美国西点军校的一位教官问一批新入学的学员：“指挥官最重要的能力是什么？”

一学员举手：“沟通能力！”

教官：“不是！”

另一学员急忙抢答：“个人魅力！”

教官：“不对！”

全班鸦雀无声，教官严肃道：“看清楚哪里才是真正的战场！”

文案创作最重要的能力就是找到真正的目标人群。看准了目标，我们的文案这枚子弹的命中率才会更加准确。

我们所说的目标人群指的就是我们的商品是卖给谁的，文案写给谁看 。只有把沟通对象提前确定，你才知道应该用什么方式跟别人沟通，知道应该跟对方说什么。

往往做产品的人都觉得自己产品可以卖给所有人，但当你把所有人当作自己的目标人群时，人群画像就是模糊的，反而不知道应该对他们说什么。

如果一个商品是面对所有人的，侧面说明这个商品满足的也只是最低的需求标准，商品一般都比较简单而且可能毫无特色。

画重点

你又不是人民币，无法讨好所有人。

找准核心目标人群很重要。

写文案前，我们有必要弄清楚目标人群是谁，这会让后期文案创作更有针对性，更容易找到触动目标人群的消费痛点。即使是同一个品牌的不同产品，面对的人群痛点都是不同的，自然文案也会有所不同。

我们可以通过目标人群的工具表找到我们想了解的目标人群：

类型及关系	人群特征填写处	参考选项
人群标签		性别、年龄、地域、教育水平、职业、收入状况、婚姻状况

人群喜好		兴趣爱好、购物喜好、价值观
待满足需求		我们商品或品牌能够满足人群的哪些需求
与本品类的关系		使用和购买该品类的频率
与本品牌的关系		使用和购买该品牌的频率
对我们广告的印象		认不认识、有没有印象、知道是做什么的

我们从六个方面进行描述：

人群标签：明确目标人群的基本特征，如性别、年龄、地域、教育水平、职业、收入状况、婚姻状况等，这些内容决定了人群的消费水平以及他们对商品价格的敏感度。

人群喜好：明确目标人群的兴趣爱好，他们喜欢做什么，喜欢在哪里购买商品，一般上哪些网站，用哪些 app，也包括他们的价值观，如他们崇尚什么，他们拒绝什么；这些决定了我们的广告文案应该出现在哪里会更容易被他们看到，我们应该说什么才更容易引起他们的共鸣。

待满足需求：我们的商品或品牌能够解决目标人群的哪些需求？如一款像素更高的手机需满足了用户想要拍出更清晰照片的需求。

与本品类的关系：这些人通常使用和购买这类商品的频率是多少？从来没有购买以及购买过的人消费痛点一定是不一样的，我们文案要表达的内容也肯定不一样。假如别人从来没购买过这个品类，那我们的文案要会侧重在告知，告诉别人这个品类是什么，能够解决什么问题，我们的商品为什么值得购买。但如果他们经常购买，我们则要考虑，对他们来说我们的商品与其他同类商品的区别在哪？凭什么要在这么多同类商品中选择我们。

与本品牌的关系：这些人使用和购买我们品牌的频率是多少。或者他们从来都没有使用过，仅仅是听说过我们的品牌，又或者是我们的忠实顾客。他们与品牌的关系，决定了我们的广告是否需要突出说明品牌，如果他们不认识我们的品牌，文案需要考虑如何让人信任我们品牌，如果他们都比较熟悉我们品牌，则可考虑其他的文案。

对我们广告的印象：他们有没有看过我们的广告？对我们广告的印象是什么样的？这样的印象是否是我们想要的效果？是否需要改变之前的广告印象？这些都需要考虑。

人群标签、人群喜好主要是对人群基本属性进行描述，这一部分有助于找到我们跟目标人群沟通的方式。

待满足需求、与本品类的关系、与本品牌的关系、对我们广告的印象帮助我们找到品牌跟目标人群之间的关系，理清这些内容后目标人群也会更清晰，接下来文案要跟他们说什么内容，用什么方式说，在哪里说都能够逐步找到脉络。

我想通过案例让大家更快速地掌握这个技巧，如一台车是如何结合自身卖点以及目标人群找到文案切入点的。

一款车如何通过了解目标人群，找到文案切入点？

别克旗下有不少车型，不同车型面对的人群不同，文案的切入点也不一样。接下来我们看看别克的不同车型是如何针对不同人群来写文案的。

首先看看别克昂科威，这是一款全能中型 SUV，价格在 20 万 ~30 万元之间，什么人买这个车型呢？显然不会是刚毕业参加工作的人，毕竟价格比较高。针对这样的人群，可以做一个具体的目标人群分析。

另一方面，昂科威上市的时候，市场上同类竞品已经有很多了，其中大众途观在市场上表现很好，每月销量都有数万辆，在这种情况下，昂科威该怎么做才能提高销量呢？先来看看目标人群分析：

类型及关系	人群特征填写处	参考选项
人群标签	男性居多；70 后社会中坚、事业有成的人；大部分是公司的中高层，有一定经济能力	性别、年龄、地域、教育水平、职业、收入状况、婚姻状况

人群喜好	平时喜欢运动；闲暇时间看新闻；关注理财、汽车类网站；也会听点音乐；工作中也经常要出差，会用一些旅行类的 APP；认同人的奋斗精神	兴趣爱好、购物喜好、价值观
待满足需求	差不多的价格，买到性能更好的车	我们商品或品牌能够满足人群的哪些需求
与本品类的关系	一直在关注同类的 SUV，对这个价位各品牌都比较熟悉	使用和购买该品类的频率
与本品牌的关系	知道别克这个品牌，昂科威之前没有听说过	使用和购买我品牌的频率
对我们广告的印象	安全、舒适、用料厚道；广告做的都挺不错的	不认识？认识？有印象？知道是做什么的

基于产品特点和人群特点，最终昂科威选择了“强大”这一关键词。宣传自己比竞争对手多 10% 精神，除了价格。

产品本身满足的需求就是“差不多的价格，买到性能更好的车”，配合这一部分人群 “中产阶级，事业有成，并且也还在奋斗的路上” 的特点，2017 年至 2018 年昂科威广告文案都分别围绕着“强大”这个关键词做进一步延展——

2017 年电视广告文案：

要走到哪一步，才算强大。

当同行的人越来越少，你会继续么?

当所有努力，只能换来一点点改变，你还会坚持么?

从未质疑过自己的人，不会懂什么是强大。

强大，是看似微不足道之处的苦苦挣扎，

是对不完美的天生恐惧，

是对极限永远的怀疑，

真正的强大是偏执，是叛逆，是欲望，是为了每一毫米的改变，搏出全力!

2018 年电视广告文案：

没有人听得到，你上场前一秒的心跳。

没有人看得见，为了赢得一个简单肯定，你在内心否定过自己多少回。

再强大的人也会被超越，舒适圈里的每一秒都充满危险。

跨出去，

在黑暗深处，寻找新的光亮。

在与自己的较量中，掌控向前的力量。

你目光坚定，碾过脚下一切不确定。

强大没有终点，

它只在你永远向前的路上。

强大，是你觉得自己还不够强大。

昂科威主张奋斗精神，这很契合目标人群的价值观，也更容易引起他们的共鸣。并且在广告宣传渠道上，选用的也是这类人常去的一些网站和 APP。

昂科威通过在各类新闻网站、音乐类网站、旅行类网站、理财类网站、汽车网站等做推广，70 天的推广收集到相当于别克全品牌 1 个月的试驾注册数。

最终昂科威上市第 1 个月不到 10 天，销量达 2 900 辆，上市第 3 个月销量破万。昂科威凭借单一车型就达到月销量过万的成绩，在竞争形势严峻的中型 SUV 市场中一骑绝尘。上市近 6 个月后，销量接近 5 万辆，稳定占据了 SUV 的标杆地位。

从产品本身的特点出发，就能倒推出目标人群的大致范围，既而找到文案切入点，后期广告推广和投放也会更精准。

你可以想象一下，如果这是几百万元一辆的车，目标人群还是这些人么？答案显然是否定的，产品本身决定了目标人群是谁。

同样是别克的 SUV 昂科拉，目标人群与昂科威也有所不同，最终文案呈现也不一样。

昂科拉是一款小型 SUV，价格比昂科威少 10 万元左右，目标人群的年龄也比昂科威小。昂科拉于 2012 年上市，定位的目标人群是 80 后。基于 SUV 的特征，可以推导出目标人群：

类型及关系	人群特征填写处	参考选项
人群标签	80 后职场人士，收入正在逐步增加，有一定积蓄，但不多	性别、年龄、地域、教育水平、职业、收入状况、婚姻状况
人群喜好	QQ、微信、微博使用频率很高，闲暇时喜欢看娱乐节目、看电影、听音乐、旅行等；性格张扬；崇尚自由、激情	兴趣爱好、购物喜好、价值观
待满足需求	入门级的价格能够买一辆有点个性的车	我们商品或品牌能够满足人群的哪些需求
与本品类的关系	一直在关注同类的 SUV，对这个价位各品牌都比较熟悉	使用和购买该品类的频率
与本品牌的关系	知道别克这个品牌，昂科拉之前没有听说过	使用和购买我品牌的频率
对我们广告的印象	安全、舒适、用料厚道，广告做的都挺不错的	不认识？认识？有印象？知道是做什么的

昂科拉主要针对 80 后推出广告语：“年轻就去 SUV”，实

际上别克内部曾对“年轻就去昂科拉”和“年轻就去SUV”进行讨论，到底怎么说会比较好，起初他们也曾经担心“年轻就去SUV”如传播不利就是在为他人作嫁衣，但经过多次讨论最终还是选择用这条，SUV不仅代表一个汽车类型市场，也代表了“年轻人的SUV”这样一个产品定位，同时SUV也承载了80后们的开拓、勇气、自由、激情等情感元素，这同时也是产品特色和人群特色的融合。

昂科拉在广告宣传片中，通过不同年份出生的6个80后年轻人的独白传达了昂科拉的品牌态度，这引发了年轻人的共鸣。比如：“两点之间直线最短，马路牙子也挡不住我”“前进的方向由我决定，跟着别人走，没门”“我们这代人最幸运的地方就是，你想追求自由，又有追求自由的能力”。

这些广告片完全放弃电视广告投放，这是别克唯一一款没有投放电视广告的产品。全部投放在年轻人常出没的网站、电影院，甚至还与爱奇艺联合推出《说走就走，我们爱旅行》户外旅行节目等。**目标人群在哪里，广告就出现在哪里。**

产品特点、类型、价格决定了目标人群，目标人群也决定了广告文案要对这类人说什么才能更容易打动他们。

看样子，分析目标人群之前得先熟悉自己的商品，否则目标人群还找不准呢。

必须的！

3.2 2个方法，助你找准目标人群

同样是一瓶水，价格不同，目标人群是一样的吗？
同样都是裙子，款式不同，目标人群是一样的吗？

如何找到商品的目标人群？

一是需求，找到哪些人有此类商品需求；二是现有顾客，找到都是哪些人在买。

一般新产品从需求出发，老产品从现有顾客中找。

从需求出发，找到目标人群

产品能够满足哪些需求，而有这部分需求的人会是谁呢？一瓶 1 块钱的水和一瓶 20 元的水满足的需求都是一样的吗？

显然，这两瓶水都可以满足“口渴需要喝水”这一需求，但两瓶水的人群特征却会有所不同，购买 1 块钱一瓶的水是为了解渴，而购买 20 元一瓶的水，除了解渴还有情感需求，他们希望突出身份、地位以及经济实力，可以用来凸显自尊和优越感。在需要体现身份的场合，大部分人会倾向于选择 20 元一瓶的水。

水的普适性比较强，我们不容易找到目标人群的年龄、性别、职业等，但却能找到人群的共性需求。

又如同样是裙子，款式不同对应的目标人群也不同。一件基本款的裙子满足女性的基本穿着；一件公主纱裙满足的是拥有浪漫情怀的女孩，年龄阶段也会较为集中；棉麻质的裙子满足的是带有文艺气质，崇尚材质天然的女性；蕾丝低胸紧身裙满足的是追求性感以及敢于展示身材的女性；如果是一件剪裁考究、面料昂贵的晚宴礼服满足的则是需要参加宴会，体现身份的女性。针对不同特征的女性，文案的表达方式都会有所不同。

考考你

测测你对目标人群的敏感度：

眼霜价格有几十元到几千元不等，现在你手上有一款 1 000

元抗皱眼霜，主要在美容院销售，你觉得目标人群应该是怎样的？可以尝试填写目标人群表：

类型及关系	人群特征填写处	参考选项
人群标签		性别、年龄、地域、教育水平、职业、收入状况、婚姻状况
人群喜好		兴趣爱好、购物喜好、价值观
待满足需求		我们商品或品牌能够满足人群的哪些需求
与本品类的关系		使用和购买该品类的频率
与本品牌的关系		使用和购买我品牌的频率
对我们广告的印象		不认识？认识？有印象？知道是做什么的

从现有顾客中，用调查问卷的方式找到目标人群

如果你的商品已经在市场上卖了一段时间，现有购买人群显然已经用行动表示他们就是你的目标人群。我们可以通过调查问卷的形式来获得信息。

目前网络上有各种调查问卷的工具可供使用，如问卷星、腾讯问卷、调查派、问卷网、金数据、麦客等。

3.3 如何通过分析目标人群找到文案切入点

我曾带着一些学员帮企业提供文案策划，这些学员的本职工作有做销售的、做产品的、做财务的，还有一位是芯片工程师，当然也有本来就是做文案的。工作流程是我和小助手跟企业对接，理清楚文案目标，收集整理好文案需求然后发布任务——→大家写文案——→企业选一个合格的文案使用——→给被选用人奖励。

我原本以为有经验的人被选用的概率更大，但这一次我们的芯片工程师拿走了奖励。

那次我接受了一个婴儿枕天猫店“易居”店主的委托，帮他写一个文案策划，他有一款婴儿定型枕，刚出生宝宝使用可以预防头部睡扁或睡偏的情况，6个月以内有头型问题的宝宝，使用定型枕也有矫正效果。但他现在却要面对很多一两岁头型有问题的妈妈们。超过1岁的宝宝的头骨基本定型，这时候矫正已经过了最佳时期。所以他希望能够让那些宝宝还在肚子里的妈妈和孩子在6个月以内的妈妈来购买，而不是等到过了这个时期才考虑宝宝头型问题。他希望商品描述能够传达出这个概念。

另外，他还希望可以提高页面转化率。什么是转化率呢？如原来进入页面有100人，其中1人购买了，那转化率就是1%，提高转化率也就是希望在同样的流量下有更多人购买婴儿枕。现有的转化率不高则说明现在文案没有解决掉目标人群的顾虑。

既然是这样，那么文案就得解决这两个问题：

（1）让妈妈知道宝宝在 0~6 个月的时候是最佳使用定型枕的时期；

（2）解决妈妈的顾虑，提高页面转化率。

不得不说，这对学员来说是一个很大的挑战，第一个问题还好解决，大家都知道要去想办法传递出 0~6 个月婴儿用定型枕很有必要。但第二个问题“解决妈妈的顾虑”，对大家来说就有点难了，毕竟大家都没有做过爸爸妈妈，怎么会知道这些人的顾虑呢？大家拿到的目标人群分析也都是一样的（见下表），甚至根本没看到有相关顾虑（毕竟这还是需要自己深入一步去思考的）。

类型及关系	人群特征填写处	参考选项
人群标签	25~35 岁，受过高等教育的有 0~6 个月宝宝的妈妈	性别、年龄、地域、教育水平、职业、收入状况、婚姻状况
人群喜好	喜欢浏览各类育儿论坛、喜欢网购而且总是货比三家。希望给宝宝买的东西都是最好的	兴趣爱好、购物喜好、价值观
待满足需求	害怕孩子头型有问题或者头型已经有问题了想要一个定型枕	我们商品或品牌能够满足人群的哪些需求
与本品类的关系	之前从来没有买过，也没有购买经验	使用和购买该品类的频率

与本品牌的关系	没有听说过	使用和购买我品牌的频率
对我们广告的印象	刚认识，似乎做婴儿枕比较专业，有专利技术	不认识？认识？有印象？知道是做什么的

文案切入点应该是什么？如果仅仅是按部就班地写这个商品文案，罗列枕头卖点，未必能够解决妈妈顾虑。

我们的芯片工程师贼贼就去问了身边的妈妈们："什么情况下会考虑购买一个婴儿定型枕？买定型枕会有哪些顾虑？"结果她发现这样一个事实：儿科医生建议一岁以内宝宝不要用枕头，因为枕头高度会影响宝宝的脊椎发育。贼贼就把这个内容作为文案的一个重点来阐释。

最后她的文案有 3 个亮点：

（1）文案开头重点强调 0~6 个月使用定型枕的必要性。从婴儿头部发育特点说起，有理有据，吸引这个月龄段妈妈的注意，并且也能降低那些一两岁要纠正头型的妈妈的预期。

（2）根据枕头的设计特点打消妈妈的顾虑，重点提出："颈椎部位仅 0.3cm，就是一条毛巾对折的厚度"。

（3）考虑到妈妈们喜欢货比三家，于是干脆直接帮她们对比了我们这个枕头和其他同类枕头设计的特点。

凭借以上三点打动了易居，贼贼最终拿到了本次文案的奖励。

目前贼贼已经从芯片工程师成功转型为一家互联网上市公司的内容运营官。

我们讨论组也对这个现象进行了讨论：

好文案是聊出来の讨论组

静静：我拿到任务时，还真没想过在目标人群分析表基础上深入挖掘。

飞飞：是呢，贼贼对目标人群、产品本身的研究都下了很大的功夫。

小国宝：不过我有个疑问，作为一个商品详情描述文案，应该还有商品卖点的说明吧？怎么可能只说三点就够了？

小鱼：是的，描述商品的卖点是商品详情文案必不可少的一部分，但是电商页的商品描述还要考虑到用户的顾虑，如何通过详情描述去解决这些顾虑，这就是贼贼做得好的地方。

小国宝：哎呀，都怪我手太快，拿到任务就写，我应该多花点时间去研究产品和人群，这样文案才能更容易打动我们的目标人群！

“我总是用客户的产品。这并不是谄媚奉承，而是良好的基本态度。”——大卫·奥格威奥格威老爷子这么说是有道理的，我们只有用了客户产品，才知道这个产品的好和坏，才能站在用户的角度来思考。

3.4 学完就用：找准目标人群，写出爆款文案

给真丝衬衫找目标人群

给天猫女装店一件真丝衬衫的基本款写文案，衬衫售价 398 元，设计很简单，没有任何多余装饰，对这个市场不是很熟悉的你，肯定在网上看到过很多类似的真丝衬衫，售价从 100 元到 500 元不等，为了了解这个市场，你还顺便去了线下商场，看到一般商场里的真丝衬衫基本都要 1 000 元以上，此时此刻，你会如何描述你的目标人群？

尝试把目标人群表填一下：

类型及关系	人群特征填写处	参考选项
人群标签		性别、年龄、地域、教育水平、职业、收入状况、婚姻状况
人群喜好		兴趣爱好、购物喜好、价值观
待满足需求		我们商品或品牌能够满足人群的哪些需求

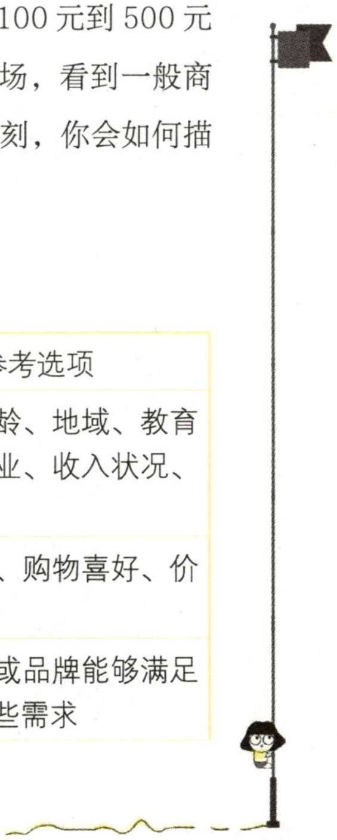

与本品类的关系		使用和购买该品类的频率
与本品牌的关系		使用和购买我品牌的频率
对我们广告的印象		不认识？认识？有印象？知道是做什么的

写完后，我们再继续看文案讨论组的学员是怎么讨论的：

好文案是聊出来の讨论组

小国宝：毫无疑问，在人群标签里，我看出来了一个：性别是女！

静默：性别是男也有可能嘛。如像我这样的暖男，就会给女友买真丝衬衫。

无邪：小鱼老师之前说过的要抓住主要人群。我想着像我们静默哥哥这么暖的人，对一个天猫女装店来说不算主要目标人群。

小鱼：那么问题来了，是哪个年龄段的女性呢？可以给大家同时对比一下一件 398 元的真丝衬衫和一件 38 元仿真丝的衬衫，这两件衬衫的购买人群是一样的吗？

小鱼：
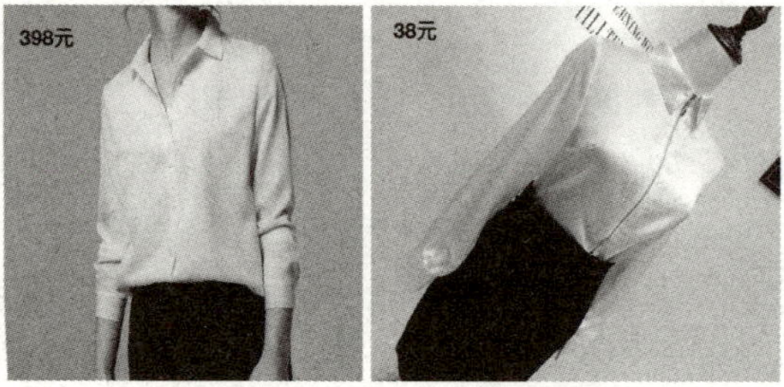

好文案是聊出来の讨论组

小国宝：肯定不同啊。价格摆在这呢，再说材质也不同。

海艳：是的，购买 398 元的女性应该是已经进入职场多年了，年龄在 25~35 岁之间，购买 38 元衬衫的女性感觉可能是大学生或者是刚毕业不久的人，但是需要穿比较正式一点的衣服，年龄应该是 18~25 岁之间吧。

无邪：而且他们关注的点都不同，购买 38 元的肯定是在关注“性价比”。

飞飞：购买 398 元衬衫的人也重视性价比，只是更追求衣服材质。她们月收入估计在 10 000 元左右。

小国宝：购买真丝衬衫说明有一定的经济实力，并且需要穿出质感。

静默：其实要说穿起来有面子，我觉得去商场买名牌会更有面子。

无邪：是呢，如果真的要追求面子，她们还是会去买知名品牌。

小国宝：所以，目标人群的标签可以确定下来：

小国宝：

类型及关系	人群特征填写处	参考选项
人群标签	女，25~35 岁，普通白领，月收入10 000 元左右	性别、年龄、地域、教育水平、职业、收入状况、婚姻状况

好文案是聊出来の讨论组

海艳：我觉得会购买价值 398 元真丝衬衫的人，教育水平估计在大学以上。

小国宝：对，那可以把教育水平也写上。

小国宝：

类型及关系	人群特征填写处	参考选项
人群标签	女，25~35 岁，普通白领，大学毕业，月收入 10 000 元左右	性别、年龄、地域、教育水平、职业、收入状况、婚姻状况

小鱼：接下来我们看看目标人群的第二项“人群喜好”。你们觉得这样的人有哪些兴趣爱好呢？购物喜好又是怎样的？他们的价值观又是怎样的？

小国宝：我身边有个大姐姐是 28 岁，在书法教育公司做老师，月收入 10 000 元以上，下课后会刷微博、微信，平时喜欢去咖啡馆喝咖啡，周末也会跟几个朋友一起去看电影，有时候还会去约会。

飞飞：我怎么发现白领们的兴趣爱好都那么相同呢？我自己本人其实是符合人群标签的，就像小国宝说的，我平时也就喜欢做这些事。

小国宝：我忽然发现了解兴趣爱好后，还可以运用在后期文案里。比如可以体现这件衣服不仅仅可以穿去工作场合，下班去喝咖啡、看电影也很适合。

好文案是聊出来の讨论组

海艳：小国宝厉害了。

静默：作为一个在天猫店销售的衣服，面对的人群肯定是喜欢上网买衣服的人。

飞飞：其实也不排除是看到商场里的衣服挺好，所以上网来看看有没有质量款式差不多，但是价格优惠不少的衬衫。

小国宝：那目标人群的价值观是：只买对的，不买贵的！

无邪：小国宝说得很对，我觉得人群的价值观应该还有：衣服材质很重要，品牌知名度什么的就不太在乎。

小国宝：差不多，购物喜好和价值观也都出来了：

小国宝：

类型及关系	人群特征填写处	参考选项
人群标签	女，25~35 岁，普通白领，上过大学，月收入 10 000 元左右	性别、年龄、地域、教育水平、职业、收入状况、婚姻状况
人群喜好	经常刷微博、微信、看电影、泡咖啡馆； 信奉只买对的，不买贵的，对品牌知名度并不感冒	兴趣爱好、购物喜好、价值观

好文案是聊出来の讨论组

鲸鱼：所以接下来应该讨论“待满足需求”了。

海艳：其实经过刚刚的讨论，“待满足需求”已经很明显了，就是想要一件材质好，价格还合适的衣服。

小国宝：好，速度补上。

小国宝：

类型及关系	人群特征填写处	参考选项
人群标签	女，25~35 岁，普通白领，上过大学，月收入 10 000 元左右	性别、年龄、地域、教育水平、职业、收入状况、婚姻状况
人群喜好	经常刷微博、微信；看电影；逛咖啡馆……会去逛商场，但更愿意为那些质量好，性价比高的衣服买单；信奉只买对的，不买贵的，对品牌知名度并不感冒	兴趣爱好、购物喜好、价值观
待满足需求	想要一件材质好，价格能够接受的真丝衬衫	我们商品或品牌能够满足人群的哪些需求

好文案是聊出来の讨论组

小鱼：好，接下来看看与本品类、本品牌的关系以及对我们广告的印象。

小国宝：其实我感觉与本品类的关系感觉很模糊……

小鱼：与本品类的关系就是用户什么时候会用我们这个品类。如我们这个真丝衬衫大部分情况下是在目标人群觉得需要一件有质感、适合上班的基础款衬衫的时候会买。

无邪：也可能需要一件基础款衬衫搭配衣服。

飞飞：还有可能是在逛商场的时候，看到同类真丝衬衫昂贵的时候……

小鱼：穿着场景会引起相关的需求，就好像我们去海边的时候，觉得自己有必要准备泳衣、防晒衣、防晒霜一样。那继续讨论与本品牌的关系。

静默：偶然看到了这个品牌，重点是认可衣服的材质和款式。

小国宝：好的，那总结一下就是：

小国宝：

类型及关系	人群特征填写处	参考选项
人群标签	25~35岁，普通女性，白领，上过大学，月收入10 000元左右	性别、年龄、地域、教育水平、职业、收入状况、婚姻状况

好文案是聊出来の讨论组

小国宝

人群喜好	经常刷微博、微信；看电影；逛咖啡馆……会去逛商场，但更愿意为那些质量好，性价比高的衣服买单；信奉只买对的，不买贵的，对品牌知名度并不感冒	兴趣爱好、购物喜好、价值观
待满足需求	想要一件材质好，价格能够接受的真丝衬衫	我们商品或品牌能够满足人群的哪些需求
与本品类的关系	上班时穿，方便搭配，会重复购买	使用和购买该品类的频率
与本品牌的关系	没听说过，大部分用户是第一次知道有这个牌子	使用和购买我品牌的频率
对我们广告的印象	刚认识，做真丝衬衫材质似乎还不错	不认识？认识？有印象？知道是做什么的

那么，有了这么完整的人群信息，我们的文案该怎么创作呢？

小鱼

好文案是聊出来の讨论组

海艳：因为在乎材质和款式，所以一定要重点突出我们是真丝的，给出足够的证据说明这一点，给出不同的搭配效果，告诉她，我们的款式的确很百搭。

静默：可以给出鉴定真丝的方法，让她知道如何鉴别。

小鱼：整体方向没错，但也要考虑我们的文案运用场景、文案的目标是什么。如果是这个衬衫的商品描述文案，可以把这些内容加上。

飞飞：其实做海报也有了大致的方向，重点体现真丝、款式。

小鱼：是的，但不管文案目标是什么，我们也大概知道如何跟目标人群“对话”。

无邪：对，因为知道要说话的对象是谁，她喜欢什么，在意什么，所以跟她说话更容易打动她。

敲黑板

写文案前，一定要想清楚我们的目标人群是谁。

鲸鱼笔记

（1）找准你的说话对象（目标人群），会更有利于后期文案创作。也会让你的广告文案更容易被接受。如京东天猫去农村做的刷墙广告，这个说话对象和广告投放地点都决定了文案应该怎么说。另外，不要太贪心，想要抓住所有人群，这样往往容易让文案创作没有焦点。

（2）怎么找准目标人群？我们从 6 个方面来描述分析：

①人群标签：基本特征如性别、年龄、地域、教育水平、职业、收入状况、婚姻状况，这些内容，决定了人群的消费水平，对商品价格的敏感度等。

②人群喜好：他们喜欢做什么，喜欢在哪里购买商品、一般上哪些网站，用哪些 app，他们的价值观：崇尚什么，拒绝什么。

③待满足需求：我们的商品或品牌能够解决该人群的哪些需求？

④与本品类的关系：这些人通常使用和购买我品类的频率是多少？从来没有购买以及购买过的人，面临的问题一定是不一样的，我们要说的内容，也肯定

鲸鱼笔记

不一样。根据不同的关系，也能决定我们未来应该跟他们说什么。

⑤与本品牌的关系：这些人使用和购买我品牌的频率是多少？或者从来都没有尝试过，仅仅是听说过我们的品牌？又或者是我们的忠实顾客？关系不同，说的话也不同。

⑥对我们广告的印象：他们看过或者没看过我们的广告，对我们广告的印象是怎样的？这样的印象是否是我们想要有的？是否需要改观之前的广告印象？这些都需要考虑。

其实在分析的过程，脑海中就会蹦出不少文案可以写作的点。

（3）分析目标人群时，也能找到文案切入点。

重点是要对商品、对目标人群足够熟悉，知道我们的产品优势，知道用户对于我们产品的看法、顾虑，你的文案切入点，自然就会浮现上来。说到底，考验的还是你有没有做足工作。就像小鱼老师所说的那个芯片工程师给婴儿枕找的切入点。

第四章

3 个方法，找到文案写作方法

工作中常需要写一些短文案，比如：海报文案、标题、广告语等。在这里，给你 3 个方法、6 个文案模版，让你轻松写出满意的短文案。

4.1 与你相关：2 个文案框架让人忍不住想买

这两个关于节能电池的标题文案，哪个更能打动你?

A. 全新设计，节省 50% 能量

B. 全新设计，为你节省 50% 成本

思考 3 秒再接着看下去。

A、B 选项指的是商品的同一个卖点，只是表述角度不同，A 选项侧重说明产品有多好，B 选项则侧重说明能给用户带来的好处。大部分人都更容易被 B 选项打动，毕竟节省成本与自己是息息相关的。看完 A 选项的文案，用户还需要再进一步思考：“这个卖点对我来说有什么好处？”而 B 选项则直接帮用户省略了这一步，“哦，这个设计可以给我节省成本”的概念更容易进入用户大脑。

大部分情况下，文案创作者和用户常常关注的点会不一样，文案创作者想体现商品的特点，而用户未必会关注你商品好在哪里。

画重点

用户并不关注我们的产品，他们只关心能够给他们带来什么。

所以，我们要说的写商品文案的方法就是：**与“你”相关。**

“你”指的就是用户，文案要与用户有关联，我们要站在用户的角度思考、创作。如何在文案中做到这一点呢？我们有两个文案框架可以用：“卖点＋收益点”“运用标签”。

“卖点＋收益点”，商品海报文案必备框架

“卖点”就是产品的特点、优势，“收益点”就是这个卖点能够带来的好处或者价值。如某品牌手机主打的卖点是前后摄像头都是2 000万像素，而这2 000万像素带来的好处就是能够让用户拍照更清晰，它的海报文案（广告语）是“前后2 000万，拍照更清晰”。

我们再来看几个“卖点＋收益点”的海报文案：

一双运动鞋的特点是柔软轻盈，而这个卖点能够给用户带来的好处是让双脚更舒适。于是，它的海报文案就是：

柔软轻盈，让双脚更舒适

卖点　　收益点

一款婴儿营养辅食机的特点是一机多用，既能搅拌也能蒸煮，这个卖点能够带来的好处就是妈妈们再也不用把做辅食的搅碎食材和蒸煮分开操作了，于是会有了这样的文案：

蒸搅一体，轻松做辅食

卖点　　　　收益点

敲黑板

好文案，能直接进入人的大脑，不用过多思考。

结合“卖点 + 收益点”来写，不仅能体现产品的特点，更能突出商品与用户之间的关联，容易让用户感同身受。

考考你

（1）假如你负责一条裙子的海报文案，请为以下这些卖点找到合适的收益点，最后按照“卖点 + 收益点”的框架，提炼出你的海报文案。

裙子卖点是“真丝”的，能带来的好处：________________

提炼文案为 ________________________________

裙子卖点是“修身”的，能带来的好处：________________

提炼文案为 ________________________________

裙子卖点是“蕾丝镂空”的，能带来的好处：____________

提炼文案为 ________________________________

裙子卖点是“碎花”的，能带来的好处：________________

提炼文案为 ________________________________

裙子卖点是“一字领”的，能带来的好处：______________

提炼文案为 ________________________________

（2）你觉得以下哪个标题运用的是“卖点 + 收益点”？（　　）

A. 服装：千元品质，百元价格

B. 毛巾：3 秒吸水，杀菌无刺激

C. 扫地机器人：智商高，扫得干净扫得快

D. 平衡车：让每次出发，都成为一种期待

运用这个方法时，你可能会遇到这样的问题：

好文案是聊出来の讨论组

无邪：我用“卖点＋收益点”的方法写了一个海报文案：有点贵，逛街回头率却高出 99%。

海艳：好棒。

静默：无邪小姐姐厉害了。

无邪：老板说这个海报文案是我们店铺迄今为止点击率最高的。

小鱼：恭喜无邪。还有其他小伙伴做过“卖点＋收益点”的练习吗?

小国宝：我有，发给大家看看：少儿书法班，让孩子爱上书法。怎样?

鲸鱼：按照“卖点＋收益点”，小国宝的“少儿书法班”就是卖点，收益点就是“让孩子爱上书法”，但是总感觉哪里有点怪。

小鱼：是的，“少儿书法班”只是一个产品名，并非卖点，我继续按照小国宝的思路来写 2 个：“XX 产品，让你永葆青春”“XX 钢笔，更顺畅的书写体验”。

小国宝：感觉也可以啊，经常看到很多广告语这么写。

小鱼：是的，广告语这么写没有大问题，能直接让别人知道这个品牌是做什么的，但是放在商品海报文案上，说服力就差很多。

好文案是聊出来の讨论组

小鱼：好比我给小国宝介绍对象，我说这个小伙子挺善良的未必会触动你，但是如果我说，小明上次在路边捡到一只受伤的流浪猫还专门送去宠物医院救治，是个善良的小伙子。

小国宝：啊，我知道了，说送受伤流浪猫去医院更加具体，更能让我感受到小明的善良。

小鱼：对，所以我们的商品海报文案追求的也是尽量具体的描述：
“XX 产品，让你永葆青春”不如“XXX 成分，修护肌肤，让皮肤更有弹力”；
“XX 钢笔，更顺畅的书写体验”不如“XX 工艺特制笔尖，更顺畅的书写体验”。

小国宝：明白了，写的卖点要足够具体，我们的海报文案才会更有说服力。

海艳：嗯。

无邪：对，之前还没特别注意过。

小国宝：其实这个少儿书法班很大的优势在于游戏化教学，孩子并不会排斥学书法，我们有很多家长想让孩子学，但是孩子兴趣并不高。如果把这个卖点说得更具体，那文案应该是“游戏化教学，让孩子爱上书法”。

好文案是聊出来の讨论组

静默：小国宝姐姐不仅分析了自己的特色，还照顾到用户的关注点。👍

静静：棒。

小鱼：已经比之前好多啦。

敲黑板

卖点更具体，用户更有感！

好文案是聊出来の讨论组

飞飞：我写了一个文案：5.5 寸大屏，立减 200 元。

静静：感觉好像有点问题……

小鱼：如果要用“卖点 + 收益点”的框架来看，我们的“收益点”一般都是前面的“卖点”能够带来的好处，他们之间是有逻辑关系的，“立减 200 元”是因为“5.5 寸大屏轻薄全金属”带来的好处吗？

好文案是聊出来の讨论组

飞飞：那我可以改成：5.5 寸大屏，视野更开阔。

小国宝：嗯哪，卖点和收益点之间是有联系的。

海艳：感觉像递进关系，因为“卖点是 XXX”，所以“收益点是 XXXX”。

敲黑板

卖点和收益点，是有逻辑关系的。

运用标签：吸引你的精准用户

我们常问什么才是事物的本质，我的理解是将事物符号化，用简化的数据来体现后，出现的正是事物的本质。为什么我们想要知晓本质呢？因为人脑只能理解简单的信息。这不就是本质的本质吗？人脑将体现本质的简单信息组合成印象，并用以理解世界。

——川上量生《龙猫的肚子为什么软绵绵》

为了更快速有效地接收信息，我们喜欢符号化人、物、行为，会给他们贴上各种各样的标签，自身也喜欢循着标签对号入座。如以下这几个人群和对应的文案。

“熬夜党福音，再也不怕熊猫眼”，这是一个可以缓解熬夜引起的黑眼圈的眼霜海报文案，如果你是经常熬夜的人，看到这样一条文案是不是会多看几眼？显然这个文案对那些早睡早起的人来说没有什么吸引力，毕竟他们没有熊猫眼的苦恼，也不是产品的目标人群。

在文案中，我们运用标签，更容易引起目标人群的注意。通常我们把标签分为两类：

人群标签：指的是一个人的属性。如年龄、性别、出生地、居住地、职场精英、时尚明星、高个子女孩、熬夜党等。

仅仅是简单的年龄段标签也能让人对号入座。在电商网站上，你会经常看到类似这样的海报文案。

这些文案，主要通过划定年龄标签，让目标人群感觉“我正好是这个年龄段的”“似乎是专门为我这个年龄段准备的啊”。

行为标签：通常是指要达到一些目的的行为，如上班、约会、逛街、去咖啡馆、运动瘦身、做快手菜、三分钟化妆等。

如你要推荐适合穿去约会的衣服，文案就可以是：去约会穿什么？选这些准没错。行为标签就是挑选适合约会的衣服。

如某个外卖平台的文案：点外卖，就选 ×××，新用户立减 20 元，超划算。“点外卖”就是一个行为标签，“新用户”则是人群标签，“立减 20 元”是活动内容。这样的内容也主要吸引那些需要点外卖的人，重点还是新用户。

人群标签、行为标签更容易引起目标人群的注意。但我们在文案创作时，还应重点考虑标签跟产品和服务相关性。如针对年轻人的高端办公文具产品，如果选用了老人、儿童的标签，这样的标签对提高销量毫无帮助，但如果选用职场人士的标签，这样在用户和产品关联度上都会更紧密，效果自然也会更好。

画重点

找到产品或服务的相关标签，再考虑运用。

考考你

减淡黑眼圈的眼霜人群是 ____________

骷髅头暗黑服饰的人群是 ____________

扫地机的人群是 ____________

户外鞋包的人群是 ____________

纸尿裤奶粉的人群是 ____________

运用这个方法时，你也可能出现的问题：

好文案是聊出来の讨论组

静默：这个方法我尝试过，在信息流广告中效果也不错，目标人群看到广告文案中有与自己相关的标签，就会特别注意。

静默：我们给一个学英语的机构做了信息流广告，同样的广告画面，但是文案标题却做了两组，你们可以猜一下哪个数据效果更好？
A. 适合 4~12 岁的孩子，轻松识单词，对中国式英语说 NO。
B. 适合 4~12 岁的孩子，让孩子不再死记硬背识单词。

无邪：感觉 A 文案很有才气，B 文案也挺好。

好文案是聊出来の讨论组

静静：我咨询了一个有 5 岁孩子的妈妈，她说“让孩子不再死记硬背识单词”打动了她。

静默：B 文案的转化效果比 A 文案高出了两倍多。“适合 4~12 岁的孩子”这个人群标签主要圈定了我们的精准客户，我们能够给他们带来的好处相对于“轻松识单词”，他们更关注“孩子不用死记硬背”，说的都是一件事，只是方案 B 更贴近他们的生活，让“轻松识单词”具体化了。

敲黑板

标签圈定精准客户，但也要考虑用户的关注点。

好文案是聊出来の讨论组

小国宝：又看到了这个关键点：要具体。

无邪：静默好厉害，其实当我拿不准自己写的文案好不好的时候，其实也可以分两组测试啊！

静静：我还发现掌握方法只是文案创作的基础，如果要写得足够好，还有必要对人群进行深入了解。

好文案是聊出来の讨论组

海艳

因为要与“你”相关啊，这个“你”如果我们都不了解的话，如何相关呢。小鱼老师之前也提到过一个小技巧，我觉得很有意思，就是直接在文案里运用“你”这个字，这样会很容易把文案创作视角转变为用户视角。

无邪

这个小技巧我也试过好几次，效果很好。一旦把这个“你”字加入，我自动会考虑用户，就好像自己在与用户对话。

小国宝

没想到今天闲聊又 get 了一个小技巧。

与“你”相关就是需要我们弄清产品跟用户有什么关系，能够给用户带来什么以及用户关注什么。基于这样的考虑，再尝试用“卖点 + 收益点”“运用标签”的方法去写文案，效果会更好。

4.2 解决痛点：2个文案框架让人忍不住关注

相信你一定看到过很多这样的广告：

牙龈上火？用 ×××。

胃痛、胃酸、胃胀，用 ××× 胃药。

白内障看不清，××× 滴眼睛。

虽然很多人厌烦这种广告，但实际每次真的牙龈上火、胃痛之类的，第一反应却都是去选择这个产品。不仅仅因为听熟悉了，也因为你发现自己的症状跟广告里说的很像，就会买来试一试。

广告文案中，你把用户的痛点精准地描述出来，用户就会更关注。那么我们该如何运用解决痛点的方式来写文案呢？

首先把产品能够解决的用户相关痛点找出来，越具体越好。我们有两个文案框架：

痛点场景 + 解决方案

低门槛数字 + 解决效果

具体是怎样运用呢？

1.“痛点场景 + 解决方案”

整体文案先说你的产品能够解决的痛点，通过这种方式引起用户的关注，然后给出解决方案。

如一款口红卖点是持久度高，涂抹一次能够保持 24 小时。那么这个卖点能够解决的用户痛点是什么呢？如果口红持久度不高，用户会有哪些烦恼呢？她可能需要半小时补涂一次、喝水沾杯……把这些痛点拿出来说，就会是：

涂口红总沾杯好尴尬？这支口红 24 小时持久

痛点	解决方案
涂口红总沾杯好尴尬？	这支口红 24 小时持久

这个方法同样适用于写自媒体文案。假如你是保险行业的从业人员，现在要写一篇自媒体文章，教别人如何看保险的合同条款。事实上很多购买保险的人，都没有耐心把 20 多页的各种条款看完，还有不少条款根本就看不懂，这其实就是一个具体的痛点，接着给出解决方案，让用户能看懂合同。于是你的标题就是：

《保险条款太复杂、看不懂，看清这五条就可以！》

痛点　　　　解决方案

这个方法同样适用于做活动海报文案。

新东方曾经做过一个线上品牌活动：百日行动派。系列海报就用了“痛点场景＋解决方案”：

左上角是痛点场景，右下角是解决方案。

左边海报文案——

痛点场景：有高考时的那种紧张，却没有高中时的那股冲劲

解决方案：100天，××× 老师带你每日坚持学习，助你找回昔日的冲劲。

右边海报文案——

痛点场景：刷过的题千千万，碰到新题还是一团乱

解决方案：100天，××× 老师带你用数学思维打造你全新的思考与做题方式。

“痛点场景 + 解决方案”的框架不仅可以对整体主题活动做宣传，还能给单个商品做宣传。苏宁易购做过一个418电器购物节，就通过说明不同的电器能够解决的痛点场景，引导人们关注这个商品，然后进入苏宁易购购买。

我们分别来看看这几个海报中商品的特点和能够解决的痛点，以及具体的文案是如何表现的。

净水器的特点就是用户能够接一杯水直接喝，选择的痛点就是如果不用净水器，我们一般喝水步骤比较烦琐，需要接水、烧水、晾水然后再喝。

痛点场景：接水，烧水，晾水，喝水到底需要几步？

解决方案：接一杯自来水，一饮而尽。（因为有了净水器才能做到这个效果。下方搜索框引导搜索“净水器”）

智能电饭煲的特点是可以定时做饭，痛点是在做早饭时，你需要花时间在早上煮粥。

痛点场景：为什么早饭要在早上做？

解决方案：多睡会吧，晚上放好米，早上喝热粥。（因为有了智能电饭煲才能达到这一目的。下方搜索框引导搜索“智能电饭煲”）

电动牙刷的特点是刷得特别干净，选择的痛点场景就是，普通牙刷刷得不干净，而且大部分人的刷牙习惯都已经保持了几十年。

痛点场景：为什么你刷了几十年牙却没刷干净过？

解决方案：再快的手也做不到每分钟清洁 10 000 次。（表示有了电动牙刷就能做到这效果，下方引导搜索“电动牙刷”）

“痛点场景 + 解决方案”重点在于先找到产品的特点，再找到没有这个特点会带来的痛点，痛点越具体越能引起人的共鸣，最后给出的解决方案也更容易勾起人的购买欲。

敲黑板

先搞清楚卖点，才能更好找到痛点。

考考你

（1）以下哪条文案运用的是“痛点场景 + 解决方案”的框架？

A. 辅导班：名师数学培优班，数学再提 20 分

B. 睫毛膏：5 重防晕染，夏日也不怕

C. 乳胶枕：泰国乳胶原液，持续支撑肩颈

（2）以下这些商品，你觉得都能解决哪些痛点？

美白面膜解决 ________________

高保湿面霜解决 ________________

高倍数的防晒霜解决 ________________

充电宝解决 ________________

运用这个方法时，你也可能出现的问题：

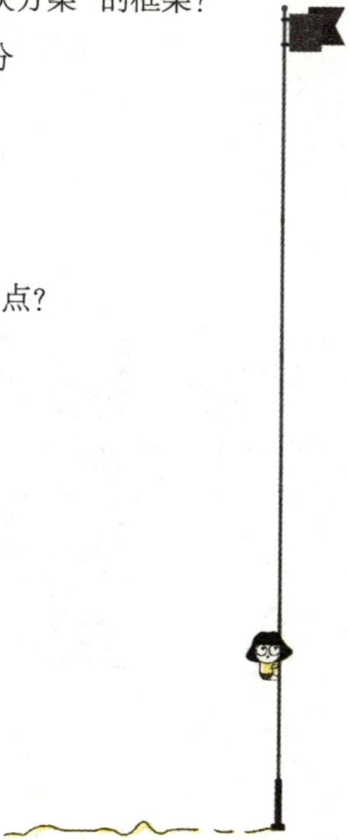

好文案是聊出来の讨论组

静默：最近要给一个理财产品写一个海报文案，用“痛点场景＋解决方案”的框架，大家有什么建议吗？

小国宝：很简单啊，理财产品的特点是让人赚钱，痛点自然就是描述你没钱会怎样，我想了一个：好穷好穷，买XXX理财从此很有钱。

静静：虽然是运用这个框架，但是没有吸引我……

小鱼：大家可以尝试把没钱的具体场景找出来，比如什么时候你会感觉到自己没钱？

小国宝：我每次逛大商场，经过大牌化妆品专柜时，就感觉自己很穷……

小鱼：之前支付宝上的理财基金做过一组广告，描述的场景就很具体，估计你们会觉得有共鸣：

好文案是聊出来の讨论组

小国宝：戳心！其实就是痛点场描述出来，下方引导支付宝搜索 XX 基金，给的就是解决方案。

小鱼：是呢。

静默：好的，我大概有思路了。

画重点

文案够具体，更能打动人。

2.“低门槛数字 + 解决效果”

“痛点场景 + 解决方案”重点体现没有我们的产品会出现哪些问题，“低门槛数字 + 解决效果”则重点体现我们能够带来的解决效果。

“低门槛数字”就是通过具体的数字表现出可以解决的痛点，“解决效果”主要就是呈现效果。

这样的框架常用在各种知识付费课程海报中，我们来看几个案例：

“0 基础学芭蕾：收获完美体态与高贵气质”，“0 基础”就是一个低门槛，让人感受到很容易学，“收获完美体态与高贵气质”是课程效果。

0 基础学芭蕾：收获完美体态与高贵气质

低门槛数字　　解决效果

“7 天搞定常见场景英语听说”，这里的“7 天”，相对于学习英语来说，时间是比较短的，“搞定常见场景英语听说”是课程效果。

除了课程海报，很多产品的海报文案也可以采用这个框架，一款复合维生素产品的特点是需要每天吃，痛点是缺少维生素会让人没有好状态，于是文案是这样的：“每天一粒，帮你保持好状态”，其中“每天一粒”是低门槛数字，解决效果就是“帮你保持好状态”。

每天一粒，帮你保持好状态

低门槛数字　　解决效果

自媒体文章标题或者网站专题海报文案也一样可以运用这个

框架：

“12 件衣橱必备单品，搞定一周穿搭”

“7 个网红款面霜，找到最适合你的那一款”

运用这个方法时，你也可能出现这样的问题：

好文案是聊出来の讨论组

小国宝：我创作了一个新文案：三百零八招，教你练出好书法。😎

飞飞：之前小鱼老师说过，要运用数字的时候，尽量用阿拉伯数字，这样会更快速地进入人的大脑。给你修改一下：308 招，教你练出好书法。

静静：没错，阿拉伯数字无国界限制，“无阅读”直达大脑。

静默：不过小国宝姐姐，看完你的这个文案之后，我没有欲望去报名……

小鱼：对，因为这个 308 招对别人来说并非低门槛，学 308 招感觉挺辛苦的。

小国宝：3 招，教你练好自己的签名。

静默：厉害。

敲黑板

数字运用一定要让人感受到操作不复杂。

考考你

（1）以下哪句文案运用了“低门槛数字 + 解决效果”？（　）

A. 整理衣柜就是整理人生，3 分钟搞定

B. 30 天词汇量翻 3 倍，再也不用痛苦背单词

C. 新手妈妈必买 12 件用品清单

（2）解决痛点综合练习：

我有个朋友做了一款婴儿电子摇铃，宝宝每摇一次摇铃就会发出不同的声音，有模拟羊水的声音、妈妈的录音等，这些声音能安抚宝宝情绪。那么这个摇铃的特点总结起来就是：交互性强、声音治愈系。

那么这个特点能够解决用户的痛点是什么呢？

我们把场景罗列出来：

A. 宝宝哭闹、给玩具玩几分钟就玩厌了，继续哭闹；

B. 妈妈还要干家务做饭时，需要把宝宝放旁边，让他自己玩

一会儿；

C. 宝宝对声音敏感，但听到的各种玩具的声音大部分都是各种儿歌和动物叫声。

一旦具体的场景出来了，就可以针对这些场景提炼我们的文案框架，你可以运用“痛点场景 + 解决方案”写一条文案：

____________________，____________________

再按照“低门槛数字 + 解决效果”的框架写一条：

____________________，____________________

不论用“痛点场景 + 解决方案”还是“低门槛数字 + 解决效果”，都应首先找到产品的特点（卖点），然后考虑这个特点（卖点）能够解决的。

4.3　表达想法：2 个文案框架让人忍不住转发

与“你”相关、“解决痛点”更适合做商品海报文案、活动海报文案，但是做品牌宣传海报，有没有更好的方法呢？我有一个简单的方法：**表达想法。**

表达想法是指主要通过不同的人或者文案来表达的话。江小白包装上有句文案：“其实对喝酒的人来说，重要的不仅是谁陪你喝，更重要的是谁在家里等你”。你可以想象一下，作为一个外出喝酒的男人，把这个广告拍下来转发朋友圈，家里的女友会不会谅解你多一些？此时此刻，这个文案承担的任务就是表达想法，帮用户说出他们想说的那句话。

表达想法我们也有两个文案框架：

（1）人物代言。

（2）运用金句。

人物代言

用具体的人物形象表达品牌的相关主题。如把品牌想表达的观点、卖点通过客户、员工、明星等人的口吻说出。

全联超市是中国台湾的一个老品牌，用户定位一直都是低价平民，主要消费人群由 60 后、70 后向 80 后、90 后年轻人转移时遇到了一个困难：年轻人对这个品牌缺乏认知，大部分年轻人认为全联这个品牌土气，也觉得去全联买低价商品没面子，去全联购物的人群中 30 岁以下的年轻人只占 9%，如何让年轻人更愿意来全联呢？全联推出了一组广告：

（注：“叶小鱼跑跑跑”公众号处回复“全联广告”可查看 2015-2017 年全联全系列文案海报）

这组海报主题为“全联经济美学”，邀请了14个年轻客户代言，提倡年轻人学会合理花钱，省钱并非追求低价而是为理想的自我牺牲，为未来的投资：

“长得漂亮是本钱，把钱花得漂亮是本事。”

“知道一生一定要去的20个地方之后，我决定先去全联。”

“来全联不会让你变时尚，但省下的钱能让你把自己变时尚。”

“几块钱很重要，因为这是林北辛苦赚来的钱。”

“养成好习惯很重要，我习惯去糖去冰去全联。”

“花很多钱我不会，但我真的很会花钱。”

“省钱是正确的道路，我不在全联，就是在往全联的路上。”

“会不会省钱不必看脑袋，看的是这袋。”

“距离不是问题，省钱才是重点。”

“来全联之后，我的猪长得特别快”（存钱罐是猪的形象）

“真正的美是像我妈一样有颗精打细算的头脑。”

“我可以花8元钱买到的，为什么要掏10元钱出来。”

“美是让人愉悦的东西，如全联的价格。”

“离全联越近，奢侈浪费就离我们越远。”

这一组海报文案不仅让年轻消费者认识了全联，更是打消了去全联购物的顾虑，也给了他们一个去全联的理由：省钱是为了更好的生活。

全联的经济美学主题延续至今，全联的销售也连年攀升，目前已连续三年销售业绩突破100亿新台币（约合人民币20亿元）。

以目标客户的形象跟客户沟通容易打动人心。而以真实的员工代言，则能让客户信任这个品牌所说的话。

网易严选在三八妇女节就推出了一组海报，女性员工出镜代言“严格筛选”的主题，这不仅结合了三八妇女节的热点，让用户对网易严选的“严选”也有了新一步的印象。来看看这组海报：

（注：“叶小鱼跑跑跑”公众号处回复“网易严选”可查看全系列文案海报）

“严选出一个好杯子，就感觉自己拥有了整个世界”——网易严选杯具选品：kim；

“女王的士兵是千里挑一，我严选的产品可都是万里挑一”——网易严选海外选品：Jessie；

“选一口好锅，要像做一台手术一样用心”——网易严选厨具选品：Lulu；

“只选一条好围巾，剩下的都要被干掉觉得自己还挺残忍”——网易严选配饰选品：Juny；

“严选家电是件重要的事，所以不好的统统要被毙掉”——

网易严选小家电选品：Eve。

海报底部都有一组固定文案，不仅强调严格筛选，也迎合本次妇女节热点：

“网易严选超过80%的商品由女性选出，她们平均在726件商品中才选中1件，网易严选，感谢她们”。

每一个真实的员工，她们的名字，她们所负责的品类，她们所说的每一句话都在体现“严选”。

当你要做品牌海报时，不妨考虑可以让客户、员工做品牌代言人。

用这种方式也有需要注意的问题：

好文案是聊出来の讨论组

BringBring：我给一个做全球购物的网站准备了一个文案，用员工做代言人，体现“全球精选”这个主题。“‘全球挑好货，尽在XXXX’——张小敏，全球采购买手”。

小国宝：你这文案感觉挺官方的，像一个买手在自卖自夸。

飞飞：其实，还是同一个问题，就是不够具体啊。

小鱼：对，如果能体现具体怎么给别人精选的，会更好。

飞飞：“去过广西，去过三亚，去过泰国，去过菲律宾……跑遍全世界，只为了能找到让你满意的那颗杧果。”——张小敏，全球采购买手。

好文案是聊出来の讨论组

小国宝：哇，飞飞改的很棒。

BringBring：果然比我原来那句好多了。👍

小鱼：文案足够具体很重要啊。

运用金句

我们通常把读起来顺口又好记的句子称金句，把这些金句用在海报里，不仅可以传递品牌价值观，也可以用来表达用户的想法。比如很多脍炙人口的文案：

“不在乎天长地久，只在乎曾经拥有。”——铁达时手表

“用子弹放倒敌人，用二锅头放倒兄弟。”——红星二锅头

“我们始终不满意，才能让您一直满意。”——台塑生医科技

运用金句能提升整体内容的意境，强化重点。大部分金句都采用了一个技巧：修辞。

修辞手法包括反复、排比、比喻等，如运用比喻：

“每个人都是一条河流，每条河都有自己的方向。”——网易新闻

“世界上最重要的一部车是爸爸的肩膀。”——中华汽车；

运用比喻能够让句子更生动，而运用对比则让文案更能体现卖点，如：

“别人看历史，我们看未来。”——《今周刊》

“从前聊着聊着就睡着了，现在想着想着就失眠了。”——腾讯视频

“小体贴，大舒畅。”——撒隆巴斯

其实把这些经典的文案拿出来，我们都可以仿照着写一写。

反复被运用的概率很高，会让你的文案看起来更有灵气。

反复是指为了强调某种意思，突出某种情感，特意重复使用某些词语、句子或者段落，如：

“没事多喝水，多喝水没事。”——多喝水

“今年过节不收礼，收礼就收脑白金。”——脑白金

“改不了加班的命，就善待加班的胃”这是方太的一个广告文案，大部分白领都会迫不得已加班，而加班时吃的都是快餐，“善待加班的胃”会引起用户的补偿心理，开始思考加班也有必要吃点好的，“加班的命”和“加班的胃”互相照应。

考考你

以下金句，哪句用的不是反复的修辞？

A. 十年的账单算得清，美好的改变算不清。

B. 长得漂亮是本钱，把钱花得漂亮才是本事。

C. 答应孩子早点回家，你却提着早点回家。

D. 别说你爬过的山，只有早高峰。

讨论组成员也开始积极使用这种方法：

好文案是聊出来の讨论组

海艳：我模仿了一个：没有开豪车的机会，但有坐豪车的命——XX 打车。

飞飞：好棒，海艳小姐姐用了反复修辞……不过这个文案能用的前提就是：这个 XX 打车的软件里全部都是豪车。否则目前我们知道的打车软件肯定用不了这个文案。

无邪：哈哈，我也有：没有钱去看世界，但要有一颗去流浪的心。——旅行类 APP

海艳：无邪小姐姐不错哟。

敲黑板

写金句前，先确定文案目标。

鲸鱼笔记

到现在为止，我们学了3个方法，每个方法有两个文案框架——

（1）学习任何文案技巧，考虑文案到底应该“怎么说”时，都要建立在文案基础思路上：先“说什么、对谁说、在哪说”，这个思路是文案的底层逻辑，未来所学的各种技巧，都能加载在这个思路上。

（2）与“你”相关的两个文案框架，容易引起人的注意。

“卖点＋收益点”：不仅体现出卖点特色，也直白地让用户感受到这个卖点能够带来的好处；“运用标签”：运用与目标人群相关的人群标签、行为标签，更容易引起他们的注意；

鲸鱼笔记

（3）解决痛点的两个文案框架，更能突出商品特色。

“痛点场景 + 解决方案”，通过对痛点场景的描述，引起人的关注，然后给出解决方案；

“低门槛数字 + 解决效果”，通过具体的数字，表现出能很容易、很快、很方便地解决痛点，并且体现出解决后的效果。

（4）表达想法的文案框架，容易引起人的共鸣和转发。

“人物代言”：把品牌想表达的观点、卖点或特点，运用客户、员工、明星等人口吻说出，并且这些话也能表达出相应人群对象的观点。

“运用金句”：用修辞手法，写出让人过目不忘的金句，用来表达价值观。

这些方法，都可以用来写海报文案，包括商品海报、活动海报、品牌海报，也可以用来写广告语、文案标题等。

4.4 小结：4个标准，检验你的短文案

好多学员都问过我，怎么才能知道自己写的这个短文案是好还是坏呢？在这里给你分享4个标准，让你有个判断的依据。

吸引注意、筛选用户、传达信息、吸引阅读。这是美国文案大师罗伯特·布莱总结的标题四大功能。

吸引注意：需要在3秒内抓住眼球，否则其余的工作都白费。那么什么样的信息更容易吸引注意呢？近年来神经科学家给出了答案，人为了更好地生存下去，大脑会快速注意到与自己相关的事物，以便自己快速做出逃跑或战斗的决策。所以人的大脑会首先关注与自己相关的信息。这也是为什么，我们会用与“你”相关的方法，因为用户会有天然的关注。说我们的卖点对方不关注，但是说这个卖点能够带来的好处，对方就开始注意了。即使是解决痛点，表达想法，也要跟用户相关，否则用户未必都会注意。这也是为什么，我们的文案创作前还要分析“对谁说”。分析目标人群，就是为了了解用户关注什么，在乎什么。

筛选用户：不用想着我的文案一定要让所有人群看到，而是要让我们的目标人群看到。如这一条：“移民后，我的保险打水漂了吗？”，“移民后”也是一个行为标签，这样的内容，吸引到的人自然是有移民需求，并且目前考虑购买或者已经购买过保险的人，或者关注移民、关注保险的人才会更愿意看。这就是筛选用户，并未需要吸引更多的人，但是能让相应的人注意到。

传达信息：能够让人一看这个标题就大概知道文案要说什么。作为文案，尤其是海报能够让别人一看标题就知道是做什么的，也就达到了宣传目的。如“天猫双 11，全场五折”，仅仅只看这个标题就知道活动内容了。

吸引阅读：看完标题能够引起用户兴趣，让他们继续看下去。这个关键在于文案跟用户的关联度，关联度越高，用户就更愿意继续阅读下去。

所以，当你写完短文案后，不妨用这 4 个标准来检验。

判断标准	吸引注意	筛选用户	传达信息	吸引阅读
打“√”				

第五章

长文案、软广告如何写

写长文案、软文毫无头绪？在这里，给你一个长文案结构，从开头、内容、结尾分别给你方法，从0到1，让你成为文案达人。

5.1 1 个长文案结构，拿起就能写

新手往往拿到任务就开始写文案，写到哪里算哪里。这成为后期文案大改特改的根源。所以我们建议先理清楚要“说什么，对谁说”这两个问题，当你正式下手写长文案前，最重要的一件事就是给你的文案写一个内容大纲。

那么，应该如何搭建文案内容大纲呢？既然我们在前几章已经理顺了“说什么、对谁说”，接下来要考虑的就是如何让你要说的内容更有逻辑。语文老师曾经教过我们如何写作文的大纲，其实对文案写作来说，这种思路完全可以通用，总分总、分总、总分这样的框架都可以用，但是文案还需要有另外一项技能是去说服用户，我们不仅要表达清晰，更要让人相信所说的内容，并且主动购买商品。因此这个框架需要从说服的角度来构建内容。

假如你需要在天猫店铺给用户推荐你的产品：一款非知名品牌的防脱洗发水，售价 78 元。如果单纯用总分总的方式，你的思路很可能会是这样：

总：这款防脱洗发水质量真的很好。

分：好在哪里呢？

（1）纯天然成分，健康。

（2）有专利技术，靠谱。

（3）很多人都用，口碑。

总：你需要拥有一款防脱洗发水。

不得不说这个大纲条理清晰，但是这篇文案真的会让用户心动吗？首先进入这个页面的用户是有防脱需求的，文案里提到的优势、好处都无法触动用户，对方的购买欲望也未必强烈。

那么，什么样的内容框架更容易让人看得下去呢？有个经典的“4P”文案公式框架可以展示给大家：

4P 文案公式：

描绘（Picture）
承诺（Promise）
证明（Prove）
敦促（Push）

根据这个框架，防脱洗发水的天猫店铺文案你可以按照这个思路写作：

描绘（Picture）

我们主要思考的是我对用户说什么，用户才会认为“我真的需要考虑买一款防脱洗发水”，文案描述有画面感，用户才会进入到相应的需求场景，才会对你描绘的内容感兴趣。具体如何描绘呢？这里有两个方法：

（1）描绘没用该产品时的痛苦场景。

（2）描绘拥有该产品后的美好心情。

承诺（Promise）

当对方开始感兴趣时，我们的文案随即给出承诺。承诺我们能够帮对方解决的痛点，此时对方或许还会半信半疑，我们就应该进入下一个环节：证明。

证明（Prove）

证明我们如何兑现自己的承诺，可以分别从理性、感性两个层面去证明。

敦促（Push）

当对方差不多要做决定是购买还是离开的时候，此时我们要给对方临门一脚，敦促对方做出购买行动或其他反应。

描绘让人进入场景，承诺将人带进主题，证明让人更加信任你，敦促让人更容易行动。但是不要忘记，你的同类竞争对手也可能用同样的框架来写文案，所以如果没有前期的分析，很可能和对手的文案都是一样的，用户看到两个文案差不多的产品，该选择哪个呢？因此我们需要再捋一遍“对谁说”以及“说什么”：

分析目标人群

↓

确定文案目标

↓

确定内容大纲

对谁说：分析目标人群

为了让你更方便看清思路，我在人群分析表的第三列特别加上相关思考，看看这些人群特征都能够带来哪些思考和启发，也能帮助我们更熟悉人群的现有状态。

类型及关系	人群特征填写处	人群特征带来的思考
人群标签	25~35 岁白领；关注脱发问题，并愿意支付一定费用的人	非知名品牌防脱洗发水，78 元价格并不便宜，对应的目标人群购买力还算可以，至少是愿意为防脱发支付费用的
人群喜好	喜欢浏览社交类 APP；逛各类网站论坛、喜欢网购；相信即使品牌知名度不高，但是也有可能是好产品	此类人群喜欢上网，因此，可以考虑在他们常浏览的网页做推广；他们关注功效，对于品牌知名度没有太大要求（否则肯定不会考虑我们的品牌）

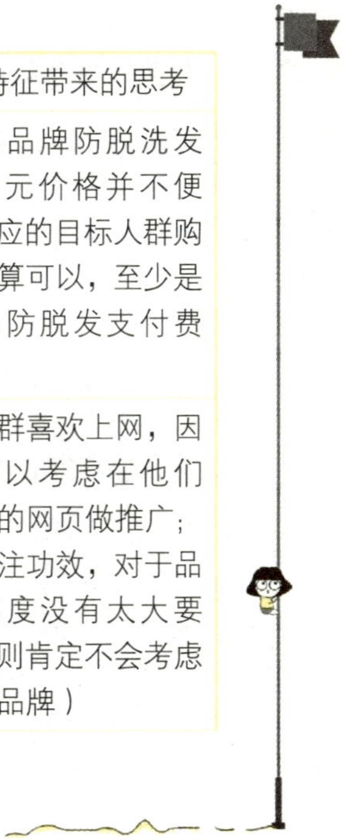

待满足需求	希望能买到防脱发、无害、成分天然的洗发水	防脱本来就是我们产品的主打功能,无害、成分天然是我们产品的一大卖点
与本品类的关系	2~3个月买一次洗发水,也尝试过一些其他品牌防脱洗发水	既然是尝试使用,那么也说明这类人群其实本身脱发并不是非常严重,不会去考虑植发或者更专业的防脱产品,能够尝试用防脱洗发水说明大部分人都是担心如果现在不重视,后果会比较严重
与本品牌的关系	淘宝天猫上搜索“防脱洗发水”能看到这个品牌,之前也没怎么了解过这个品牌	对于一个陌生品牌洗发水,用户不太容易信任,对产品质量有疑虑,所以后期文案也要考虑如何打消目标人群对产品和品牌的不信任,体现出品牌的专业。
对我们广告的印象	不太熟悉,刚看完详情页,比较真诚的一个品牌吧	本土的一个品牌

我们能够看到目前用户跟我们之间的关系不紧密，他们的状态是“我就看看有没有合适的防脱洗发水”，而我们需要改变这个状态，想变成“感觉这个品牌的洗发水很专业，可以试试”。

如果要发生这样的改变，我们的文案需要满足他们的需求，解决他们的顾虑。首先就要解决三个问题：

（1）用户状态：只是看看——→文案想办法让对方重视脱发问题。

（2）用户需求：需要天然成分的防脱洗发水——→文案要让对方知道我们的特点就是这个。

（3）用户顾虑：不知道这个品牌和产品是否靠谱——→文案打消顾虑，给出相关证据。

说什么：确定文案目标

按照“4P”文案公式框架：“描绘—承诺—证明—敦促”来试试：

目标大纲项	详细填写	思考
明确说话对象	25~35 岁，关注脱发并愿意支付一定费用的人	人群分析表中这个选项其实已经详细分析过了
文案的变化结果	看完我们的文案后，他们将认同我品牌防脱洗发水的专业，想要立即购买	这个其实就是我们要达到的改变，从只是有目的的看看，到认同购买
从理性上信息传达	1. 脱发原因及后果严重 2. 产品成分是天然生姜，无害防脱 3. 产品和品牌都靠谱	1. 脱发原因及后果主要可以体现我们的专业，也能够运用恐惧让用户足够重视防脱这个问题 2. 对方关注产品的功能和成分，那么我们就要在感觉对方有到强烈需求时再重点阐释 3. 对方了解产品特点后，或许还会对产品和品牌品质有顾虑，因为我们是非知名品牌，所以有一点小恐惧
从感性上情绪推动	1. 有点害怕，要是脱发就惨了 2. 这个品牌在防脱这一领域很专业	

描绘：通过描绘脱发的痛苦，让用户感受到自己真的很需要一款防脱洗发水，如可以做这些事：

（1）展现头发稀少的头顶和发际线，让用户感受到这样真的不好看。

（2）展现洗发后掉在手里的大把头发，勾起平时洗发后的记忆。

（3）展现大量脱发后的秃头，引起人的恐惧，对防脱问题更加重视起来。

（顾客看完后会感觉到："对，这就是我现在的情况啊，这个品牌懂我，真的应该重视起来。"）

承诺：告知我们的产品能够解决这些问题。

（顾客看完后会觉得："真的假的？你凭什么说你能帮我解决这些问题呢？"）

证明：说明我们的几个主要卖点，并且给出相应的证明。

（1）脱发原理：脱发成因是油脂分泌旺盛堵塞毛孔，毛囊缺乏营养微缩。生姜防脱洗发水可以做到清洁，渗透皮层、发芯，滋养头发根部，从而达到清爽控油，滋养头皮，强健头发的效果。

（说明原理并且给出解决方法，能体现我们的专业性，增强说服力）

（2）说明产品的成分天然，增加用户对产品的信任：

A. 理性证明：在质地、营养吸收、酸碱性上理性证明成分是生姜。

B. 感性证明：展现生姜产地，证明生姜来源。

（3）证明品牌和产品靠谱：

A. 直接展示质检报告；

B. 展示生产基地：实验室、生产车间等。

敦促：

给对方一个立即购买的理由，这款洗发水原价 128 元，现价仅 78 元，催促目标人群现在购买。

这个内容大纲充分考虑了说什么、对谁说，并且兼顾了用户顾虑，一步步引导用户下单。拿着这样的内容大纲跟老板讨论，不仅对方能看明白你的整体文案思路以及要解决的问题，而且如果有什么需要调整的，也能够在大纲部分就改完，不至于后期大幅度修改调整。另外对于文案创作者自己来说，梳理清楚了这份文案大纲，接下来的工作仅仅是写而已，反而花费不了太多时间。

敲黑板

内容大纲好的前提：搞清楚文案目标和人群。

考考你

框架	填写处	提示
描绘		什么情况下，用户才会想到要买我们的商品？把这个场景描绘出来
承诺		说明我们的广告商品，能解决以上问题或达到相应效果
证明		用相关方法证明我们的卖点
敦促		考虑说什么，用户才会想要立即购买

运用这个方法时，你也可能出现的问题：

好文案是聊出来の讨论组

BringBring：我发现“描绘—承诺—证明—敦促”这个模式电视购物经常用啊！

小国宝：对，如卖一个收纳箱吧，在描绘阶段会说，你家很多东西装不下，家里很乱的情形；然后承诺我们的收纳箱可以搞定这个问题，接着就开始证明，主持人往收纳箱里塞东西，一衣柜的衣服全给塞进去了，还很自信地说还有空间可以继续塞，而且还说可以防水，主持人直接拿着水倒在收纳箱上，这个也是证明。最后敦促说原价 299 元，现在购买只要 199 元，马上拨打电话订购还能再送个小收纳箱之类的。

静静

这个作为朋友圈广告也能用啊！

无邪

对哦，好像很多地方都可以用。但是一旦上手自己写，总感觉写不了那么好，这是为什么呢？

小鱼

还是要在对产品、对用户甚至是竞争对手的了解的基础上创作，否则不知道应该重点说哪些卖点会更容易打动他们。

小国宝

发现自己还是下手太快了。每次接到任务就直接写，别说内容大纲了，有时候前面的文案目标也没仔细想，就认为大概就这么回事吧，先写了再说。

鲸鱼

所以小国宝的内容经常被改……

小国宝

我想静静……

静静

静静来了。

静默

原来小鱼老师前面教我们的对谁说、说什么的部分如此重要，每次写文案的时候都需要想一遍。

静静

不过我想问“描绘—承诺—证明—敦促”还有没有更多具体的方法？否则感觉我每个内容好像都写的一样啊。

小鱼

好问题，我们先去看看描绘这部分，在文案开头我们有哪些方法可以用。

5.2　描绘：2 个开头方法，让人欲罢不能

想象一下，现在你很饿，想要买个面包，摆在你面前的是两个选择：

同样大小的面包，一个 3 元不知名品牌面包，一个 30 元知名品牌面包，主打健康。你会选择哪个呢？当你选择前者时，说明你主要聚焦在解决饥饿问题上，而当你选择后者，产品此时要解决的不仅仅是你的饥饿问题，还要满足你追求高品质的心理。

当你正准备掏钱购买其中一个时，一个你很尊敬的领导迎面走过来，说自己也没吃早饭，你想请他吃个面包，这时候你会给领导选择哪款面包？你一定给领导选了那个 30 元的面包吧。此时此刻，购买面包已经不仅仅是简单的解决饥饿需求，而是作为一个礼品的角色，你对这个面包的需求发生了改变，此时你的需求是这个面包能让你送出去有点面子，你需要一个高档次的面包。

几乎所有产品都是两个需求：解决痛苦、满足梦想（追求更好）。产品要么帮别人解决麻烦、痛苦，要么让别人获得更好的体验。所以在文案开篇的描绘部分，我们也通常用这两个方法来吸引别人继续看下去，并且进入购买场景。要么呈现没有这个产品时他的痛苦、麻烦，要么呈现出有了这个产品，他能够得到的理想状态。

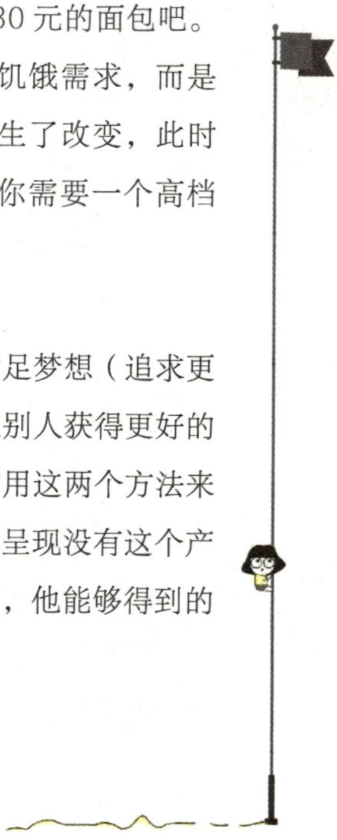

描绘痛苦场景，帮用户做出选择

现在摆放在你面前的文案任务是给一个价格 4 000 多元的吸尘器写个文案描述，你会如何去写呢？

想象一下，你的用户现在在电商页面搜索，市场上吸尘器价格从 100~3 000 元不等，而你的产品却是 4 000 多元，远远高于主流价格，如何才能让用户在众多吸尘器中选择我们的产品？

如果要走呈现痛苦场景这个路线，那就得描述一下没有吸尘器，家里很多灰尘会带来的问题，尤其是价值 4 000 多元的一个吸尘器能解决的问题，而其他吸尘器做不到的。这款吸尘器价格不仅是贵在品牌上，而是拥有专利气旋技术，吸力更强劲，大颗粒垃圾、微尘甚至花粉、看不见的细菌都能吸入。

现在请花三分钟的时间，思考一下你会如何呈现这个痛苦场景，并且让用户觉得选择这款更适合。

思路出来了吗？来看看我们的思路是否一样吧。

我们主要分三步：痛苦场景—排除相应选择—给出承诺。

1　　2　　3

痛苦场景—排除相应的选择—呈现理想场景

接下来，看看这款4 000多元的吸尘器的文案开头是如何写的：

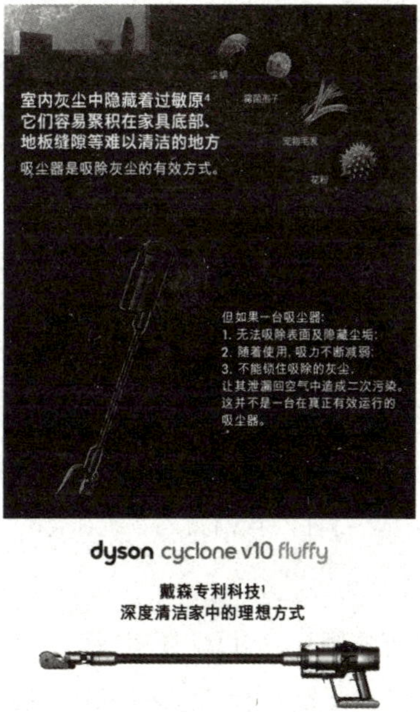

第一步：呈现麻烦场景

家具底部、地板缝隙很难清洁，用户用吸尘器最适合，并且用图示意你能够清除的：尘螨、霉菌孢子、宠物毛发、花粉。

第二步：排除相应选项

当用户看完第一个麻烦场景，自然而然就有了需要一款吸尘器的想法，如何让用户感受到应该选这个品牌而不是其他家的吸尘器呢？

“如果一台吸尘器：

（1）无法吸除表面及隐藏尘垢。

（2）随着使用，吸力不断减弱。

（3）不能锁住吸除的灰尘，让其泄漏回空气中造成二次污染。

这并不是一台在真正有效运行的吸尘器。”

这里给了用户 3 个选择吸尘器的标准，这些都是大部分吸尘器无法做到的 3 点，这让用户直接有了选择，这 3 点本产品能够做到的，接着就抛出自己的承诺以及解决方案。接下来要表达的一定都是围绕着这三点来介绍自家产品，用户很容易看进去，在你预设的思路里，对这款产品有了独特印象。同时，用户对于接下来文案要展开的“证明”环节也会更有欲望了解。

通过展现痛苦的场景，引起用户对此类问题的重视和关注，也让用户对吸尘器这个品类有了需求，接着又通过排除选择，引导用户把同类竞争对手的产品排除掉（相信我，如果你帮用户做过这个对比后，他们会感谢你的，与此同时也展示了品牌的专业度），最后给出自己的解决方案和承诺。接下来就要证明自己的产品能够解决这些问题，最后完整的文案还必须要有一个敦促，给用户一个立即下单的理由。

还记得我们之前说过的那个文案大纲吗？“描绘—承诺—证明—敦促”，在这个“描绘”环节，通过描绘痛苦场景，同时引导用户排除同类选项，让用户对我们的产品有足够的重视。

书法课如何描绘痛点，让人想报名？

针对这个案例我们讨论组也积极地进行了探讨：

好文案是聊出来の讨论组

小国宝：我发现啊，你们做产品相关的文案就比较好找痛点，很容易找到场景，可是书法课的报名文案很难找到痛苦场景。

静静：书法课的报名文案也一样可以用“描绘—承诺—证明—敦促”吧。

小国宝：可是在描绘这个环节，我不知道应该如何描绘痛苦场景，我想不到啊，到底什么人在什么情况下会觉得需要去学写字。似乎并没有很明显的痛点啊！

无邪：说的也是啊，我想不起来什么情况下会想到要去学书法。

小鱼：思考的方法也是一样啊，想一想，如果你写字不好看，在生活中会遇到哪些问题？

小国宝：想不出来，就觉得你写的字好看，人家对你有好感，有一个词叫见字如面。

好文案是聊出来の讨论组

静静：哦，我上次去一家公司面试，公司需要手写简历，我的字不太好看，面试官看到我的简历还皱了下眉，弄得我挺不好意思的……

静默：我初中时给初恋写情书，结果她说我的字不好看，让我以后别给她写了。

小国宝：哈哈，也不知道那姑娘到底是嫌弃你还是嫌弃你的字啊！

静默：反正被拒绝的那一刻，我觉得她确实是因为我的字不好看拒绝我。

小国宝：给你一个可怜的抱抱……

BringBring：我想起来了，高中时老师总说字要写工整，否则批卷老师没耐心批改卷子，容易丢分，我有个好朋友作文虽然写得好，就是字不好看，结果每次考试作文都没平时分数高。

海艳：对，我高中时也遇到过这样的事。

无邪：说的也对啊，字不好看也有这些痛苦的场景呢！

小鱼：所以，小国宝，你的痛点场景是不是出来了？

小国宝：你们好厉害！

好文案是聊出来の讨论组

鲸鱼：不要忘记分析目标人群，确定文案目标啊！

小国宝：知道了。其实刚刚大家这么一讨论，我大概知道目标人群是哪些人了。在“描绘”这个环节，运用痛点场景的思路，我可以直接体现出在工作场合中因为字不好看会使印象分降低的情况，如填写简历、给领导手写总结报告的时候，还有类似静默要写真诚的情书的场景，还有考试因为字不好看丢分的情况等等，写完这些痛点后，用户看完后学写字的欲望就会变强，接着我就排除竞争对手，强调要练好字光练字帖也不够（估计想学写字的人第一反应是写字帖），还需要认识字体结构，需要一对一反馈，效果才会更好。最后推出我们的课程服务。

海艳：小国宝厉害了。

无邪：小国宝厉害了。

小国宝：还是你们厉害，让我一下就有思路了。

小鱼：小国宝啊，你先去把“对谁说，说什么”理清楚，再来运用这个内容框架，相信会更清晰的。

小国宝：是，小鱼老师说过，前期思考和准备时间应该比你写文案的时间更长。这次我差点又直接拿着任务就写却忘记思考了，嘿嘿。

敲黑板

如果找不到痛点场景，不妨找几个小伙伴一起头脑风暴一下哦。

好文案是聊出来の讨论组

飞飞

我之前看到一个排除相应选项的文案，一个教英语的课程直接把课程里的老师跟其他的英语老师进行对比，从师资情况、教学理念、额外获得、上课时间、收听次数、上课模式、学习效果这几个方面出发进行一一对比。

飞飞

为什么选我		
	英国剑桥小克里	普通英语老师
师资情况	国际级中英双语导师	母语为双语，英语不地道
教学理念	语境学习法，学会说身边的事和物	传统课本学习，学了不能用
额外获得	附送老师介绍最真实的国外生活环境	闭门学语言，基本靠死记硬背
上课时间	每天一节课，1~2小时	一周仅1~3次
收听次数	无限制回看	学习时间有限
上课模式	精品视频课，各种终端随时随地场景式学习，甚至现学现用	传统英语学习模式
学习效果	纯正英语语境，彻底抛弃中式英语	最后还是不会说英语

好文案是聊出来の讨论组

BringBring

这样的方法让卖点变得清晰，一下就帮用户做了选择，用户可以不用继续去对比其他课程就可以直接下单。

飞飞

我还有个问题，在说完痛苦场景后，有个“排除相应选项”，往往把大部分竞争对手做不到的事描绘出来。但是，假如我们的产品跟其他同类产品真的没什么差别，价格、功能都差不多，团队头脑风暴了半天也找不到写作思路。怎么办？

小鱼

的确，有很多产品本身优势不大，如何在描绘阶段用好痛苦场景呢？还有一个办法，就是在描述痛苦场景后，说明为什么会出现这些问题，然后再抛出我们能解决这些问题并给出承诺。通过解释原因也能彰显我们的专业度，增加用户对我们的信任。

飞飞

听起来不错，不知道具体都如何运用的。

小鱼

我们进入下一小节，看案例去。

描绘痛苦场景，体现品牌专业度

文案遵守一个原则：**人无我有，人有我优，人优我特，人特我专。**简单来讲就是优先说别人没有的卖点而我们有的，如果大家都有这些特点的话，就说我们家产品更好，但是如果大家都说自家产品很好，那就说我们特别好，如果大家都体现出一样好的程度，那我们就说特别专业的。

如果你负责的产品或服务跟其他同类竞争对手没有差别，在“描绘”阶段，我们无法排除用户其他选择，那就选择体现自己的专业的部分。文案框架仍然是 3 步：

痛苦场景—解释原因—给出承诺

这个框架跟上一个框架的差别就在中间，把“排除选择”变成了“解释原因”，通过说明解释为什么会出现这些痛苦场景，让用户了解到原因，对于接下来的产品介绍，用户也更容易理解。

1　　2　　3

痛苦场景—解释原因—给出承诺

“快乐学习”是福建省最大的 K12 教育培训机构，主要做中小学生课外辅导。他们的培训负责人林老师经秋叶大叔引荐找到了我，想要给培训机构各分校校长们做文案培训。

这个机构各分校的招生广告、海报等都是由各分校校长来写的，大家都感觉学校本身很厉害，但是不知道如何写。

培训中关于长文案的写作，我教的就是“描绘—承诺—证明—敦促”这个思路，在描绘部分用的就是“痛苦场景—解释原因—给出承诺”这 3 步。

大部分人拿着框架创作时容易出现的一个问题就是痛点说了很多，但是后面的证明却跟痛点无法一一对应上。在当时现场练习上就有一个亮眼作业，让全场人都忍不住鼓掌，心甘情愿把那一次作业的奖励送给了“貌美如花”队。

“貌美如花”队选的业务是中考作文培训。中考作文培训要面对的人群主要是那些孩子要参加中考，但是作文不是很好的学生家长，当然也包括一些参加中考的学生。目标人群很容易确定，在这里，我们重点看看他们列的文案目标：

目标大纲项	详细填写
明确说话对象	准毕业班的家长为主，学生为辅
文案的变化结果	看完我们的文案后，他们将认同我们的专业性，相信我们可以把孩子作文水平快速提升，并且愿意报名
从理性上信息传达	1.“3 步法”作文方法可以很精准地解决孩子的作文问题 2. 老师专业：由连续押中三年中考考题的老师亲自辅导 3. 小班教学，报名名额稀少
从感性上情绪推动	信任我们的培训机构

接下来，他们运用“描绘—承诺—证明—敦促”方案准备内容大纲，描绘部分选用的是“痛点场景—解释原因—承诺”框架。

他们的标题是：《连续 3 年押中中考作文的语文肖，教你 3

步冲刺作文满分》，用的是“卖点 + 收益点”的方式，卖点是这个培训机构老师的专业：“连续 3 年押中中考作文的语文肖”，收益点就是能够写出满分作文。

接下来重点向大家展示一下他们这支队伍的内容大纲。

描绘：

这个团队在描绘阶段，提到的痛点就是中考语文考试中，作文丢分严重的情况，然后解释为什么作文会丢分呢？主要原因有 3 点：

（1）容易离题。

（2）素材陈旧。

（3）结构混乱。

这 3 点是中考作文中最容易丢分的原因，搞定这 3 点，作文分数就不会低。果然是经验丰富的老师写的文案，这个内容如果让其他新手来写的话，这几个点未必能够抓得这么准。所以写文案的人必须要对自己的产品服务足够熟悉。

承诺：

接下来引出课程，告知用户他们能够解决的问题，并由连续 3 年押中中考作文的肖老师亲自教授。

证明：

培训班主要针对以上 3 点，快速提高孩子作文分数：

（1）精准审题 2 步法，解决容易离题的问题。

（2）推出 10 个新颖素材，解决素材陈旧的问题。

（3）10 篇经典样板文参考，解决结构混乱的问题。

这 3 个证明的点，完美解决了之前所说的痛点。

敦促：

最后告知报名具体事项，强调名额稀少，只有 6 个，引导大家报名。

“貌美如花”队的痛点抓得准，内容框架没有一处是多余的地方，这样的内容大纲就能直接应用于创作文案了。

培训结束后，负责人林总也激动地跟我说，这次培训内容很充实，效果很棒。

运用这个方法你也可能出现的问题：

好文案是聊出来の讨论组

静默：我们最近负责给一个洗面奶客户做网络推广，就尝试过运用这个方法，还挺好用的。

小国宝：静默哥哥来说说具体怎么回事?

静默：是这样的，这个洗面奶主要功能就是清洁，但是设计得很有意思，按出来的洁面泡沫是一朵花的形状。

好文案是聊出来の讨论组

无邪：听起来不错。

小国宝：快点说说具体怎么做的。

静默：痛点：为什么天天用 1 000 元钱的精华液，但是皮肤还是没变好，即便用奢侈品级别的 LAMER，皮肤还是很差？
解释原因：因为脸没清洁到位，皮肤就不吸收，用再贵的精华也是枉然。估计我这么说一句，别人也未必能够相信我，所以为了去证明这个观点，广告文案里对比了清洁不彻底的皮肤和健康皮肤纹理图给大家看。
承诺：给大家介绍一款洗面奶。然后分别从不同的角度证明这个产品的优势，说事实，摆证据。

小国宝：听起来不错，我好像有点兴趣了。

静默：其实我觉得这个有用，是因为我们老板后期看腻了这个文案，然后要求把前面的内容做一下调整投放到情感类账号去。

无邪：然后呢？调整成啥样了？

静默：然后啊，我们就调整呗，在痛点前面加了一个小故事，通过送礼物的角度切入，讲了一个老公很浪漫，结婚后送了老婆一部一直很想要的跑车，结果这时候老婆心里虽然认为跑车不适合，但还是很感谢老公，之后她就开这部车去买菜接孩子。

好文案是聊出来の讨论组

静默：接着把话题转入到其实老公可以送老婆一种花，就是这个洁面泡沫花朵。

小国宝：这个想象力很厉害！

静静：所以，这个效果如何？

海艳：一开始说情感故事，突然植入了一个广告，哈哈。

静默：其实文案内容完全一样，就是前面增加了一个小故事，效果就差了很多。购买的人没有之前的多。

小鱼：其实你可以想象一下，明明一开始看到的是情感故事，结果你的广告突然出现，而且衔接的有点生硬，情感和认知上的感受完全不同啊，如果你一开始讲的是关于洗面奶的故事，应该还会好一些。

静默：老板说让文案更柔软一些……

小鱼：卖货的文案还是硬一点好。

小国宝：静默，你的文案还需要修改一下！

静默：@小国宝，嗯！

画重点

别担心你的文案很硬，重要的是：你所说的痛点准确。

好文案是聊出来の讨论组

飞飞：对了，我还发现了一个问题，不管是在描述痛点后的文案内容中帮用户排除相应选择，还是解释原因，标题用之前小鱼老师说过的解决痛点的方法就可以了。

静静：对，不管是“痛点＋解决方案”还是“数字＋解决效果”都可以直接套用。

鲸鱼：对呢，这个标题和内容，完全是一致的啊。

小鱼：是呢，飞飞好眼力，咱们现在是一项一项分开来讲而已。“痛点＋解决方案”在你的长文案、软文的前期结构中也一样可以直接用，甚至也可以用在广告创意上。

飞飞：对哦，原来标题、广告创意、长文案的写作思路都完全是可以通用的！

鲸鱼笔记

同样是在文案开头说出用户的痛点，你可以有不同选择：

（1）“痛苦场景—排除相应选择—给出承诺”，通过描绘痛苦、麻烦场景后，帮用户排除相应选择，然后把用户注意力引导到我们的产品上。这个方法适合有特点，跟同类有区别的产品。

（2）“痛苦场景—解释原因—给出承诺”描绘痛苦、麻烦场景后，解释问题产生的原因，让用户自然而然地关注我们的产品。这个方式适合特点不明显，但能展现品牌专业度的产品。

（3）“痛点 + 解决方案”的标题方法，也同样可用于长文案，描述完痛点场景，就直接给出解决方案。

描绘理想场景，让人对产品充满期待

通过描述痛苦场景引起用户的共鸣，用户就会想去寻找相应解决方案，而通过描绘理想场景呈现出有了这个产品能够达到的效果，也同样会引起用户对产品的期待。

我们把“痛苦场景—解释原因—给出承诺”框架中的“痛苦

场景”替换成“理想场景”来用。

1	2	3
理想场景	解释原因	给出承诺

暑假期间，很多少儿在线英语平台开始做大量广告投放，投放在妈妈们聚集的自媒体平台，假如有一个平台找你写文案，老板提出要体现出平台的特点：有 AR 技术，孩子学习更有趣。你可以先写一个这样的文案目标：

目标大纲项	详细填写
明确说话对象	4~12 岁孩子的爸爸妈妈们
文案的变化结果	看完我们的文案后，他们将认同孩子用有趣的方式学英语，效果更好并且尝试领取我们在线英语试听课
从理性上信息传达	1. 教学方式有趣，孩子才能学好英语 2. 孩子越小学英语，学起来越容易 3. 我们课程有趣，AR 技术让学习更生动，且现在还能免费领取试听课
从感性上情绪推动	英语学习有趣很重要，这家在线英语学习平台在这方面做得不错

尝试运用理想场景该怎么写呢？总不能干巴巴地说：“教学

方式有趣，孩子才能学好英语……”

大家不妨花 3 分钟想想看。

接下来我们来看看微信公众号“孟子他妈”是如何写一篇软文的：

理想场景

还记得两年前澳大利亚华裔女孩艾丝特吗？那时候她才两岁，但是 195 个国家的首都倒背如流。

瓦加杜古、布琼布拉、埃里温、阿布扎比、萨格勒布……无论这些首都的名字多拗口，她都能说得很溜的。

现在，这个小女孩 4 岁了，记忆力更棒了，还学会了汉语、英语和西班牙语三国语言。

这是“孟子他妈”运用的理想场景，虽然我们都不认识这个女孩，但是她说的这孩子在语言上的能力，让我恨不得想让这个孩子成为我的孩子啊。看完这个理想场景，爸爸妈妈的第一反应就是这孩子这么厉害是怎么做到的？她的父母做过什么？我们能不能借鉴呢？于是，接下来的内容主要就是解释原因。

解释原因

艾丝特语言天赋那么惊人，她是怎么做到的？她的爸爸只做了几件简单的事情：

（1）自制课本教孩子课外知识。因为爸爸是人文课的老师，所以他的知识面比较广。他结合孩子的认知特点制作了帮助学习和记忆的“课本”，内容从太阳能系统、成语、诗歌到数学，囊括了好几个学科。

（2）陪着孩子一起互动。当女儿还在襁褓里，爸爸就对她进行基本的教育了。他会拿出书本毫不厌倦地读给她听，也许她还听不懂，但是慢慢能做出回应。艾丝特上学后，爸爸与她相处的时间越来越少，但是也会想尽办法多陪着女儿，在家里用英语、汉语以及西班牙语进行教育。

（3）挖掘孩子的兴趣。爸爸刚开始给女儿读诗歌的时候，没有多在意。后来，他发现女儿对诗歌非常感兴趣，还喜欢自己朗读。他抓住女儿这一特点，让女儿每天早上起来朗读诗歌，女儿现在能背诵英国诗人威廉·亨利的名作《不可征服》和其他的众多著名诗篇。

有没有注意到上面所说的原因，都在说明一个主题：女孩的爸爸尝试了很多有趣的形式来教导。这个为接下来的广告内容做好了铺垫。仔细看看，这是不是我们文案目标中，需要让别人知道的第一条：“教学方式有趣，孩子才能学好英语。”

但是很多人看到这里会担心，孩子这么小就学习这么多，应该会累着。接下来的内容就是告知文案目标中的第二条：“孩子越小学英语，学起来会更容易。”

孩子还那么小，就让他学那么多，会不会累坏呀？其实只要他们感兴趣，学习就像玩一样，学习就是放松的过程。

俄罗斯的一名四岁小女孩贝拉对语言有极大的兴趣，妈妈教她学习英语，她一学就会，后来连妈妈都满足不了她，干脆请了各国的外教教她学习语言。

小姑娘每天学习语言 6 小时，在外教的帮助下居然轻松学会了 6 门外语。有人因此提出了质疑，这样高强度的学习安排不是剥夺了孩子美好的童年吗？

她父母却说贝拉参加的这些课程在她看来都是有趣的游戏，她自己也很喜欢，学习的过程就是玩的过程。

所以学习内容的好玩有趣，可以让孩子爱上学习，学多久都不会疲倦。

而且孩子学习语言不能太迟。科学研究表明，五岁前是智力发展的关键期，两到三岁是口头语言发展的关键期，零到四岁是儿童视觉发展的关键期。儿童掌握词汇能力和数概念的最佳年龄是五岁到五岁半。

所以两岁的时候我们可以先和孩子口头交流，四岁的时候可以借助图片和动画让孩子加深印象，五岁左右就应该抓住时机增加孩子的词汇量了。

日本著名幼儿教育专家也认为零到六岁是语言发展的最佳时期，处于这一时期的幼儿有形成两个以上言语中枢的可能性。

千万别觉得孩子太小了，学习能力还不行。正是因为年纪小，大脑的可塑性强，学习东西才更容易。

这样一来俄罗斯小姑娘的故事进一步描述理想场景，说明孩子年龄小学英语更好，并且引用日本著名幼儿教育专家的观点来解释这个原因，接下来，就可以顺理成章地引出了广告内容，对广告项目做介绍。最后在敦促部分，引导大家去扫码领取免费在线课程。这只是一篇软广告，但是在这个公众号上，阅读量却接近于 10W+。

运用这个方法，你也可能出现的问题：

好文案是聊出来の讨论组

小国宝：我虽然不是妈妈，但是以后有孩子了，孩子到 4 岁时，我肯定让他去学英语。这个软广告标题叫什么名字？我要去搜索出来学习。

小鱼：《4 岁天才女孩懂 3 国语言，只因为爸爸这么做！》，你们发现这个标题有什么特点？

小国宝：用了人群标签啊，“4 岁天才女孩”“爸爸”，能点开这个标题的显然也是孩子差不多大的爸爸妈妈。这个标题写得好啊。

小鱼：因为这个软广告，我还真的去领取课程了，原本没有想过让我的孩子这么小要学英语的……

小国宝：小鱼老师你被 BringBring 传染了“剁手症”！

好文案是聊出来の讨论组

BringBring：哈哈，我现在明白了，原来理想场景是这么回事，这个就好比我男友在追求我时，跟我说：“你如果和我在一起，以后我每天早上给你挤好牙膏，煎鸡蛋给你吃。

小国宝：理想场景就好比我前男友追我时说：“以后我的钱都是你的钱，拿去随便花，想买什么就买什么。”

无邪：我发现你们所说的理想场景都有所不同啊！

小鱼：那是因为说话对象不同，就好像我们的用户不同，他们在乎的也不一样。BringBring 希望未来的理想生活是早起有人给挤牙膏、煎鸡蛋，小国宝期待的是掌管财政大权，想买啥买啥。她们的男友（或者前男友）可都是做过目标人群分析才决定给对方许诺一个怎样的未来，描绘一个怎样的理想场景。

小国宝：这么说，其实不管用什么方法，都要根据目标人群来。

小鱼：对，理想场景就是给用户许诺一个美好的未来。用户是谁当然很重要，所以写文案前要理清楚“对谁说，说什么”。你看，刚刚那个案例呈现的就是家长对孩子在英语上的期望啊。

静默：怎么许诺呢？

小鱼：找到用户使用产品最想达到的效果，把这个效果呈现出来。

好文案是聊出来の讨论组

小国宝：如一款男用香水，男人使用是为了让自己更有魅力，更能吸引女性的注意。这时候就会用一个很符合香水气质的男模来代言，甚至表现出很多女性为之疯狂的画面。

小国宝：目标人群希望看到的理想场景就是让人呼喊出:“哇！猛男！”

无邪：所以假如为一个男装品牌写广告文案，找一个好看的模特穿着我们的衣服拍照就是理想场景，能让人看到穿着衣服美好的样子，甚至我们还可以把模特带到咖啡馆拍照也是想告诉用户，你看，未来你也能穿着这件衣服去咖啡馆。

小国宝：所以才会有那么多买家秀和卖家秀的对比。

BringBring：是呢，我皮肤比较黑，所以每次看到有的广告说一个月后你的皮肤会变白，我就特别心动，也很期待自己能够一个月后变得那样白。因为想追求这种理想的状态啊。

敲黑板

呈现理想场景，也应根据目标人群的需求来。

好文案是聊出来の讨论组

BringBring：哎呀，我刚在一个快递公司的微信公众号买了一支美白精华……

小国宝：BringBring，你又在奇奇怪怪的账号里买各种没听过名字的东西。

BringBring：我……自己也没想到啊，明明点进去是看各种明星八卦的，我给你们看看类似的标题：
《91 年郑爽罕见发福，82 年孙俪还有少女感，聪明的女生，从来不会亏待自己》，你们能猜到这是卖什么的吗？

静静：感觉是情感八卦文，不过既然你说了是卖东西的，估计是减肥药？

无邪：是，应该是减肥药。

BringBring：告诉你们，这是一个调节肠道菌群的保健品。

BringBring：再给你们看一个：《王菲：有没有教养的女生，过的是完全不一样的人生！》

海艳：教养……这个词让我想到应该是跟读书有关的课程。

BringBring：是的，软文在介绍一个读书栏目，再给你们看一个：

好文案是聊出来の讨论组

BringBring：《42 岁大 S 越活越年轻：防晒做不对，显老二十岁！》这样的标题我也很想点进去看一下啊，类似大 S 这样的明星类的标签深得我心，我真的想知道，他们明星那么美都有哪些保养秘诀，这个标题很明显是讲防晒的。因此我就被说动了，就直接顺手下单啊。

小国宝：我也刚看到了一个：《俞飞鸿 47 岁还不结婚：过得好的女人，从不忽略这件小事》

BringBring：猜不出是卖什么的，但是也很想点进去看看。

小国宝：是卖内衣的。

BringBring：我真的很向往他们那么好的状态，皮肤好，会穿衣，会打扮，会健身，很多都做的比我们好，为什么不学习一下呢。

小鱼：的确，我们大部分人都向往更理想的状态，文案中总是借用明星网络红人等勾起我们对更好状态的追求，对他们使用的产品、他们的保养理念等都会好奇，也更愿意去学习。不过要注意，如果你的软文想借用明星的话，要小心使用他们的名字和照片哦，这会涉及侵权，毕竟我们拿来运用算是商业用途。

BringBring：原来这样，看样子做文案不容易啊，做能带明星冲流量的文案也不容易。

好文案是聊出来の讨论组

小鱼：如果和明星签约，拿到授权的话，就可以在限定范围内使用他们的肖像。

画重点

使用明星的姓名或照片固然好，小心侵权哦！

好文案是聊出来の讨论组

BringBring：呈现理想场景这个部分，是不是一定要在开篇运用？

小鱼：我们只是建议开篇使用，但是你如果在文案中间、结尾使用，效果也会不错。

BringBring：那是不是呈现完理想场景后，一定要解释原因，说明为什么能获得这个效果？

小鱼：也不一定的，把理想状态呈现到足够具体，不用解释原因大家也一样会期待。如我朋友 kyle 在他的同名公众号上，卖去泰国游玩的旅行券，就用了很多理想场景，包括运用当时的热播剧《欢乐颂》里安迪和小包总在泰国旅行的各种场景，还有一段描述，我觉得写得非常不错，发给大家看看：

好文案是聊出来の讨论组

BringBring

“在曼谷大皇宫玉佛寺的屋檐下瞻仰泰国国王的威严，零距离接触泰国建筑的艺术。
跟着《杜拉拉升职记》里的徐静蕾一起徜徉于小清新的杜拉拉水上市场，尝尝杧果糯米饭，品品椰子球，美食对味蕾的冲击最能催生人最本真的幸福感。
走在芭提雅灯红酒绿的大街上，尽情释放自己的身体和灵魂，这里的夜足够疯狂。
在泰国醉美格兰岛和月光岛的，沙滩上晒晒太阳，发发呆，看看蓝天，白云仿佛伸手即可触到。
顺便去一望无际的海景悬崖餐厅体验美食，传统的泰式按摩，精油 spa，按去一身的疲惫与压力。”

BringBring

我也想去泰国了！这个呈现理想场景说得非常具体，看完了就超级想去。

小鱼

是呢，这篇软文推广 4 天，销量是平时销量的两倍，销售额在 18 万元左右。

BringBring

好厉害，可以发我学习一下吗？

小鱼

你可以搜索《1 498 元居然可以畅游泰国！碧海蓝天、悬崖餐厅、五星酒店……你想要的都在这里了》，对了，因为这篇文案带来的销量很好，后来广告主又在这里投了一次广告，记得新软文也运用了好多理想场景，你也可以去搜索《她是彭于晏心中的女神，35 岁活成了每个少女想要的样子》

BringBring

收到！

画重点

呈现理想场景要足够具体。

考考你

搜索《她是彭于晏心中的女神，35 岁活成了每个少女想要的样子》，说说里面都描述了哪些理想场景？

5.3　证明：2 个内容方法，让信任感倍增

> “写作应该精雕细琢，但这不是最重要的方面，是写作重要的任务。最重要的写作原则是让观点得到充分的论证，细节使文章更可信，更难忘。”——加拿大：布兰登 · 罗伊尔

我们团队里的无邪是个内向不善言辞的人，她之前接到了一个任务，就是去说服别人让她优先使用复印机，因为她所在的办公楼区有个投币式复印机，经常很多人排队复印资料。她给自己

准备了 3 种话术，在别人还没投币前，她想知道哪一句话更能说服别人：

（1）“抱歉，我有 5 页纸要印。可以让我先用这台复印机吗？”

（2）“抱歉，我有 5 页纸要印。可以让我先用这台复印机吗？因为我现在有急事。”

（3）“抱歉，我有 5 页纸要印。可以让我先用这台复印机吗？因为我必须复印。”

想想看，哪一句话更能让别人愿意让无邪优先使用复印机？

有人曾经做过一个实验，当你不提供任何理由的时候（第一种情况），60% 的人同意让要求者先用复印机。当给出“现在有急事”的理由时（第二种情况），94% 的人说可以先用。而当给出比较荒唐的理由“我必须复印”（第三种情况）时，还是会有 93% 的人同意让对方先用。给别人一个理由，别人会更愿意听信你。

在广告文案中，也同样要给用户购买的理由，强有力的证明会让人更愿意信任你，毕竟你要别人付出的可是实打实的金钱。那么如何给出证明呢？我们分别从理性、感性两方面来进行证明，接下来你将看到从这两个方面证明的方法。

理性	**感性**
用权威、用数据 示范效果、用细节	讲故事、客户案例 客户口碑

为什么要分为理性和感性的证明呢？主要是因为人的大脑单纯接收感性或理性信息都未必能够让他心有所动。理性能让人信服，感性能让人感动，理性和感性结合更容易让人行动。所以想要证明卖点，一定要理性感性结合起来。

理性证明第一点“用权威”。什么是“用权威”呢？如我要卖给你一颗钻石，你不相信我的钻石是真的，那好，我给你钻石鉴定证书。这个钻石鉴定证书是由专业的机构颁发的，这时候你是不是会相信我呢？这个钻石鉴定证书就是权威，这是权威机构的认证。同时权威的个人也能认证，比如医生对于病人，老师对于学生来说都是权威。

之前看到过一个文案推荐一个商城，这个商城主打的特点是商品都是直接从工厂出货，而且还是很多奢侈品的代工厂，“给大牌代工”就是运用了理性证明的“用权威”，这些工厂既然能够给大牌做东西，那产品质量肯定不差啊。他们有一篇软文为了引导大家去购买这个直接代工厂的商品，呼吁很多年轻人不必要花太多的钱去消费，还借用了一个权威来证明：

> 根据去年官方公布的《2017年轻人消费生活报告》数据显示，月薪5 000元的比月薪20 000元的更敢花钱，绝大多数年轻人都养成了“信用消费”的习惯。

网易严选的很多产品进行宣传时就突出了他们的制造商是相应大品牌的制造商，这些都算是运用权威在理性证明。

理性证明第二点：用数据。主要是运用具体的数据来表现卖点。比如下面这些广告。

香飘飘的广告“一年卖出 10 亿杯，杯子可绕地球三圈”，这个广告为了表现销量好，用了具体的数字“10 亿杯”，考虑到大家对于 10 亿杯可能还没有更多感觉，接着又更具体地描述说“杯子可绕地球三圈”，这样一来感觉更形象。

一款保温杯的广告“想不到的轻盈 250g，相当于一个苹果的重量”，为了说明自己轻巧运用了类比，说自己杯子的重量 250g 相当于一个苹果的重量，于是用户立刻知道了这个杯子的重量。所以用数据可以考虑“数据 + 熟悉物类比”这个框架。

林清轩是一个国产原创品牌，专门做修复肌肤屏障的山茶花润肤油。售价是 600 多元钱一瓶。这个价格对于大部分用户来说有点贵，如何运用数据证明贵有贵的道理呢？

如果要体现贵，可以从不容易获得山茶花油的角度入手。可以这么说：山茶花 90% 原产于中国，俗话说“千年茶树，二两油”，可见山茶花油的珍贵稀少。一颗山茶花树要长 5 年时间才可以开花榨油，而且要花开 5 季，经过秋冬春夏秋才可以从山茶花籽中提取少量的山茶花油，而一颗山茶花树一年能榨取的原油大概只能用来生产 7 小瓶林清轩山茶花润肤油。

理性证明第三点：“效果证明”。效果验证就是告诉用户这个产品很好。如有些护肤品为了展示保湿度，将护肤品直接涂抹在脸上，然后用测量湿度的机器给你看前后对比效果的数据。

儿童电话手表为了说明自己防水功能好，直接把电话手表泡在水里展示给大家看。

还有好多这样的案例：

（1）为了证明行李箱很坚固，店主直接站在箱子上蹦跶。

（2）为了证明床垫真的好柔软，放生鸡蛋在床垫上按压。

（3）为了证明自己的手机很薄，直接拿来削苹果。

一款蜗牛霜为了证明自己的抗氧化效果，把蜗牛霜涂抹在苹果上，观察苹果的变化，想必很多人看完后都会心动，认为这个蜗牛霜抗氧化效果很好：

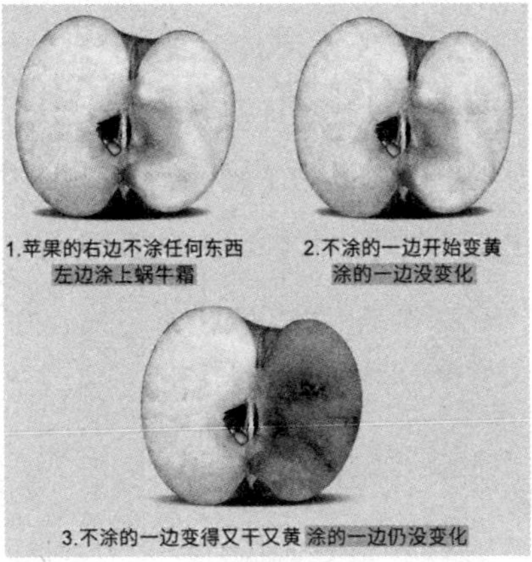

理性证明第四点："用细节"。如果说这产品很好，具体好在哪里呢？把细节说出来。比如要表达京东的快递很快："我今天上午下单，结果下午就收到了。"这时候，你就会感受到京东快递到底有多快。这就是用细节。

有一种玫瑰花的产地在厄瓜多尔，为了说明这个产地的优势，文案通过表现厄瓜多尔的环境、气候、土壤有利于玫瑰花的生长。当然直接这样说没有说服力，所以需要具体地说明在什么环境里，海拔是多少，什么气候、什么温差环境等，这些都是具体的细节。看完后，用户就能感受到厄瓜多尔的玫瑰花跟其他的玫瑰花的区别究竟在哪里了。

这个文案说了好多细节。解释了为什么这个土壤更适合玫瑰花：“纵贯南北的安第斯山脉制造出刚好的昼夜温差”“由火山灰积淀的天然土壤中蕴含更多的矿物质，水中的化学杂质含量少”“从鲜花的培育，到生长，到每一枝花枝的选择，再到剪切，都以万里择一的标准严苛对待”。“每天沐浴阳光 12 小时”等。当然这个文案的小标题还有优化空间，完全可以用“卖点 + 收益点”的方式来写，这样用户一眼看完就能抓住每个小段所说的收益点。

“让它从赤道而来，依然绽放如初”改成“独特气候环境，造就厄瓜多尔玫瑰”；“火山灰积淀的优质土壤”修改成“火山灰积淀的优质土壤，孕育饱满的玫瑰”；“12 小时充足光照“修改成“12 小时充足光照，让花朵明艳如初”，这样调整一下，玫瑰花生长环境的好处就更突出了。

感性证明第一点：“讲故事”。用故事来论证观点、表达卖点。有研究证明人在听故事时的大脑和一个人拥有愉快经历时的大脑有一样的反应。所以当你的广告文案用讲故事的形式来证明，用户会更乐意看。

麦肯锡有一个故事框架 SCQOR，我们可以学习一下：

设定状况：品牌创始人原本生活安逸或者和大部分人一样；

发现问题：但是突然有一天他遇见了一些意外，让自己获得了一个目标；

设定课题：主人公去为目标付出努力，但是发现还有其他具体的问题阻碍了他；

克服障碍：尝试各种解决办法，这部分主要描述经历，也是故事的主体部分；

解决收尾：最后终于获得解决，推出了某品牌或某产品。

我们文案要写的故事类型主要就是三种故事：创始人故事、员工故事、客户故事。虽然主角不同，但是情节基本是一样的。

创始人的故事大家听过的都比较多，有一个奶爸，为了不让女儿被热水烫伤，克服很多困难，最终开发了一款能够让水温保持在 55℃的杯子。

员工故事比较熟悉的是链家网的三个故事：记录房子的人、拍摄房子的人、核查房子的人。每个故事都是真实员工的故事改编的，如那个记录房子的人曾经 8 年时间记录了 30 个城市的 7 000 万套房子，他需要去核查真实的房源信息，在核查过程中，别人还怀疑过他是小偷。

客户故事支付宝经常做。之前有一组讲了 22 个真实的普通人的故事的文案，这让我们能感同身受，支付宝给他们解决的一些问题很贴近我们的生活。

（注：在“叶小鱼跑跑跑”公众号搜索
“蚂蚁金服　22 个普通人故事”看到更多。）

不管是用创始人、员工还是客户的故事，遵循的基本都是这样的框架：“设定状况—发现问题—设定课题—克服障碍—解决收尾”。

感性证明第二点：“客户案例”。其实客户案例非常好理解，就是把客户使用产品前后的效果展示出来。运用这样的真实客户案例说服力很强，更容易感染其他用户。

我有个朋友杨老师教英语，她把自家的保姆培养成了雅思老师，还把公司的厨师培养成了课时费 300 元 / 小时的高级少儿英语老师，这个保姆、厨师就成了杨老师的成功客户案例。你想一下，如果知道了这些案例其他人会怎么想？保姆、厨师都能学得这么好，那我们还会差吗？

我有个朋友叫千浤，她是专门做形象设计的，对她来说，客户案例就是直接把这个客户形象改造前后的效果拿出来对比就好了。不用说太多话，别人一眼就能看懂。

感性证明第三点："客户口碑"。客户口碑跟客户案例类似，但不完全一样，客户口碑重点指的是客户给我们好的评价。就像商品页的客户评价栏，我每次网购第一时间要看的就是这个口碑，整体评价都不错的话，才会详细去看产品介绍。但是值得注意的是，不是所有说你产品好的口碑都能用。客户口碑不仅仅是要让别人知道其他客户如何评价你，更重要的是体现你好在哪里，要足够具体。

我给你们看两个文案训练营的客户口碑：

A. 小鱼老师的文案课实在是太棒了！庆幸我报了这个课程。

B. 我是个新手，刚入职做文案，一直被老板要求修改，但是通过 30 天的学习，我有了文案创作思路，刚搞定了一篇文案，老板还夸我了，感谢小鱼老师。

A 虽然也是口碑，但是不够具体，别人看完也不知道好在哪里，而 B 交代了学习前后的效果，从文案被改到被夸的变化。B 选项还有一个好处，“我是个新手”这个说明了自己的标签，让相应的用户，如其他新手看到后，会感受到：“我与这个客户是一样的情况，这个课程应该也很适合我。”新手、0 基础的人主要就是我们文案课的目标人群，选用这个客户口碑更为适合。

画重点

客户口碑需注意两点：

（1）具体有效：能体现客户使用产品前后的变化效果；

（2）客户标签：体现出对应人群标签，让相应人群感受到适合自己。

考考你

以下两条关于黄桃的客户口碑，哪一条更好？为什么？

A. 挺好吃的，马上就吃完了。

B. 桃子与我拳头一样大，很新鲜，一口下去爆汁水，非常甜。

鲸鱼笔记

通过理性、感性的证明，可以让你的文案更有说服力，也更容易打动用户。

（1）用权威：通过第三方权威机构、人物的证明，可以让人感受到产品的专业性。如卖钻石有个珠宝鉴定证书，比如防蛀牙膏有专业牙医推荐。

（2）用数据：把数据摆出来会更真实，通过“数据+熟悉事物类比”会更让人感受到数据的强大，如“一年卖出 35 万瓶，叠起来有 4 个珠穆朗玛峰高”。

（3）效果证明：通过各种方式让客户看到产品带来的效果，如为了说明手表防水，把手表扔到水里给客户看；也可以让客户自己证明，如去屑洗发水的头屑测试卡，你可以洗完头后，测试一下，看看是不是真的头屑减少了。

（4）用细节：具体介绍产品相关的细节好在哪里，这会让客户更熟悉产品，如介绍一个保鲜盒，分别从密封圈、玻璃、盒盖这三个细节来说明。

（5）讲故事：通过故事框架 SCQOR 框架：“设定状况—发现问题—设定课题—克服障碍—解决收尾”来编写故事，可以写创始人故事、员工故事、客户故事。

鲸鱼笔记

（6）客户案例：把真实客户使用产品前后的效果拿出来说，说服力很强，更容易感染到其他用户。

（7）客户口碑：选用能体现客户使用产品前后的变化效果，体现出对应人群标签的口碑会更有效果。

理性证明都侧重产品本身，感性证明侧重人。当你尝试去证明产品卖点时，不妨尝试用这个证明清单来检验和思考：

	理性证明				感性证明		
方法	用权威	用数据	效果证明	用细节	讲故事	客户案例	客户口碑
打“√”							

5.4 运用 3 个心理学小知识，让人动起来

用户看完“描绘”“承诺”“证明”，会对产品熟悉并且信任产品的质量，接下来就需要总结一下整体卖点，加深一下我们对用户之前说过的卖点。但是这样还远远不够。到了结尾部分，

用户面临两个选择，要么直接关闭页面（实际上大部分人都是这么做），要么按照你的提示购买。

那么，怎么才能让用户有理由立刻购买呢？我们运用三个心理学小知识促使用户行动起来：**损失厌恶、从众心理、动作引导。**

损失厌恶：立即购买的最大理由

损失厌恶是指面对同样数量的收益和损失时，认为损失更加令他们难以忍受。你可以设想一下，我送你一个苹果，以下哪种情况会让你感觉很糟糕？

A. 我给你 1 个苹果

B. 我给你 2 个苹果，要回来 1 个

大部分人都会觉得 B 选项更糟糕，虽然都是获得一个苹果，B 选项会产生损失掉一个苹果的厌恶感，远高于你获得一个苹果的喜悦感。也就是说，相对于获得，我们更害怕损失。

在生活中，你可能也遇见过这些情况：卖车的人会想办法让你去试驾，试驾这个过程会让你产生这个车似乎就是你的错觉，如果你最后没买就会有损失感。卖衣服的也会让你尽可能试穿，说“买不买都没关系，先试试看”，其实也是一样道理。在文案前面的内容营造理想场景，也一样是让你有获得感。到了文案的结尾会开始提醒你如果不现在购买，你可能会面临失

去它的损失。我们主要通过促销活动的限时限量制造紧张感，来促使用户立即购买。

限时限量促销的紧张感

珊珊原本是个上班族，她有个业余爱好是烘焙蛋糕，吃过她做的蛋糕的人都对这些蛋糕赞不绝口，于是她决定离职专门做蛋糕。

为了让自己制作的蛋糕提高销量，她每天在朋友圈晒自己做的蛋糕，但一天最多只能卖掉 3 个蛋糕，这可愁坏了珊珊。她之前的领导知道这个情况后，给了她一个建议。因为一天能做的数量有限，他建议珊珊何不尝试主打限时限量，一天只做一款蛋糕，每天只做 7 个，每天前 3 个蛋糕 8 折优惠。当珊珊把这个消息发布到朋友圈时，没想到一周的蛋糕都被预订完毕。

限时限量让人有紧张感。客户会担心今天没买，明天就买不到了，给了客户一个立即下单的理由。

值得注意的是，限时限量要配合促销活动，如特价、送券等，表述时也应注意价格有对比，能够让人感受到价格的优惠。如同样是价格 99 元，以下几个表述效果完全不同：

A. 特价 99 元，仅限今天。

B. 原价 299 元，现价 99 元，仅限今天。

仅仅是加了一个与原价的对比，用户感受就会不同。如果还想让用户感受强烈一点，可以尝试跟同类产品对比价格，如：

C. 同类产品价格一般都在 199~299 元，但是我们今天只卖

99 元，明天恢复原价 299 元。

还可以把价格分解成熟悉的产品，让人感受到消费的这份钱其实并不算多。我有一份 99 元的微信文案课，课程的最后就用了这个方法：“2 张电影票的价格，用文字撬动微信变现力！”

把 99 元转化为两张电影票，把学习跟看电影的钱画一个等号，用户会不由自主地想：“是哦，我看电影也是花这么多钱，学习也是花这么多钱，这么看来学习还是更有用处，至少还有希望用学到的知识赚到更多的钱。”

当然促销活动除了特价，还可以用赠送礼品的方式以及买一送一、买一送三的活动来提高销量。有些品牌不便于做特价促销，担心会影响整体品牌价格线和品牌形象，这时候往往会用赠送礼品的方式实现这一目的。

不管运用怎样的促销方式，重点是让用户感受到现在购买有优惠，通过限时的方式增加紧张感，用户就会担心现在不买就是损失。

敲黑板

价格有对比，才能感受到价格的优惠。

运用这个方法，你也可能出现的问题：

好文案是聊出来の讨论组

静默：其实我们遇到过一个问题，之前给一个线下心理学考证培训机构写文案，最后到了敦促环节，关于价格，实在不知道怎么说比较好，我们售价特别贵，达到了58 000元，老学员推荐能优惠2 000元，但是即使是这样还是很贵，这时候应该怎么办才好呢？

小鱼：有两个方法，要么给他分摊计算价格，要么干脆不说，让用户进行客服咨询。

静默：不太懂……

小鱼：分摊计算价格，如58 000元一个周期相当于每天只要花掉多少元来学习。相信这个你应该不陌生。卖保险的都会告诉你这些保险金额相当于你一天只花了多少元在保险上。又或者是很贵的护肤品也可以这样分摊计算，平均一下价值用户就不会感觉贵了。

静默：有道理。那第二个方法是不说价格，让用户咨询客服，这个是为什么？

小鱼：因为价格过高，用户可能存在的顾虑有很多。他们一看到价格，也很可能直接吓得退缩了。此时我们让他去咨询客服，客服一定要先重点解决对方的疑虑，然后再报价。当这个用户开始咨询问题时，他在这件事情上付出了时间精力，后期掏钱的概率当然就更大。

从众心理：让人冲动的购买理由

当你在一个陌生城市出差时，中午吃饭的时候看到两家店，一家正在排队，而另一家则很安静。这两家店你会选择哪一家？

如果我没猜错，你是不是选了那家需要排队的。既然大家都选择同一家，而且宁愿排队，说明这家店好吃。这其实就是从众心理。

从众心理指个人受到外界人群行为的影响，而在自己的知觉、判断、认识上表现出符合公众舆论或多数人的行为方式。

在文案中，我们如何运用从众心理呢？

热销爆款：说明很多人都在买

（1）一家奶茶店怎么做到热销？

我的朋友张明开了一家奶茶店，但发现同一条街上竞争对手很多，为了拉动人气，他外聘大学生兼职排队购买店里的奶茶，很多路人都好奇，一家新开的店凭什么能让这么多人排队买？于是也跟着排队。排队的人竟然越来越多，这就营造出了热销人气的氛围，吸引了不少人从众购买。为了扩大影响力，张明还特地安排摄影师拍下这热销场面，写了一篇软文投放在当地自媒体，结果又吸引了不少网友慕名而来。张明借机专门做了几个海报贴在门口：

“开店一个月就有近 3 000 人喝过的奶茶。”

“被大家热捧的奶茶，你要不要来喝一杯？”

“本店热销款奶盖奶茶，2 000+ 美眉都爱喝。”

奶茶本身口味也做的不错，一开始虽然是营造出来的热销现象，但到最后就真的每天都有很多人排队了，奶茶店也逐渐被当地人认可。

（2）一个小众品牌充电宝如何吸引人购买?

许维是一家充电宝天猫店的运营，最近他很苦恼，他负责的充电宝品牌并不知名。充电宝的商品详情页文案已经优化了很多遍了，但是页面转化率仍然很低，只有 0.5%，这说明进来 200 人，只有一个人会购买。

充电宝很多人只认品牌购买。所以许维不管如何强调自己的充电宝好，用户都容易感觉那些知名品牌更靠谱。许维最终想了一个方法， 他发现“销量排序”是网购商品的一个重要指标，所以按照销量筛选商品的按钮会放在前面位置，方便大家做参考。

综合排序	销量	信用	价格

许维的这个充电宝虽然页面转化率不高，但是在市场上累积的销量也足有 800 万件。因此他立即在商品图上加上“热销 800 万件”，在网站详情页描述的顶部和底部都强调“热销 800 万件”，并且把累计评价数、收藏人气数都写上，让用户感受到热销。内容更新的当天订单数达到了历史单日最高。

热销，就是给用户一个定心丸：你看，很多人都买，你的选择肯定不会错。

考考你

以下哪条内容不是运用了“热销爆款”的方法？

A. 亲，86 532 个马蜂窝网友和你一起关注三亚的旅行

B. 畅销 10 年，服务 10 万个家庭

C. 耗时 7 658 个小时，打磨而成

动作引导：让人做出下意识购买动作

讲一个有趣的心理学实验：启动效应。

心理学家约翰·巴奇（ John Bargh ）和他的同事们让纽约大学的数位学生从一个包含 5 个单词的词组中挑出 4 个单词来重组句子。其中一个小组的学生重组的句子中有一半都含有与老年人相关的词汇，如佛罗里达州、健忘的、秃顶的、灰白的或者满脸皱纹的。当他们完成任务时，又被叫到另外一间办公室，结果发现那些以老年为主题造句的年轻人比其他人走得要慢得多。也就是说，人会被相关词汇影响到无意识行为。

在广告文案中，我们也可以运用启动效应，通过文字引导和图片引导，让人做出下意识动作。

直接通过文字或者视觉引导对方去购买下单，如“立即下单”“现在购买”“点击这里，直接购买”“戳这里，就可以带走这款好物”“转发给其他人”“掏出手机，扫描二维码，立即

购买课程！”视觉引导就是用类似于箭头、按钮的方法，让用户知道这是个按钮，可以点击。让用户在大脑中思考一遍这个行为，然后下意识地去做这个动作。

针对这个话题，我们讨论组也进行了激烈的探讨：

好文案是聊出来の讨论组

静默：这个其实很好理解，就是直接让别人做出你想要对方做的动作，购买或者转发等等。我之前负责一款 APP 的推广，希望别人看完文案后下载 APP。就是有时候会纠结到底应该用“立即领取”“立即下载”还是“了解详情”“查看更多”“我也要玩”。

小鱼：这个很简单，如果是引导页，希望别人点击进入到我们的详情页去下载，说“了解详情”“查看更多”“我也要玩”“前往领取”会好过“立即下单”“立即购买”“立即下载”。

静默：为什么呢？

小鱼：因为是引导页，不是具体的购买页和下载页，就应该尽可能让人先点击“前往领取”“了解详情”“查看更多”“我也要玩”，这样的表述门槛会很低，会让用户没有压力。

静默：原来这样。

好文案是聊出来の讨论组

小鱼：是呢，之前腾讯做过一项调查，数据显示用“前往领取”点击率在 67.9%，而用“立即下载 + 下载游戏”点击率则在 32.1%。

BringBring：那我是不是应该都用那些让人感觉门槛低，很容易做到的表述，类似于“了解详情”？

小鱼：主要看情况，如果你的文案用在购买页，那就应该直接说“立即购买”引导购买动作，如果你还在引导阶段，比如在朋友圈看到这个广告，然后通过这个广告的引导进入购买页，那么这个引导页就应该用门槛低的“了解详情”“查看更多”“前往领取”“我去看看”之类的文字。

BringBring：啊，知道啦。

不管是运用损失厌恶、从众心理还是动作引导，文案的最后都应该起到敦促的作用，让人看完能够动起来。如销售文案的最后一定是要促进购买，品牌文案则很可能希望别人转发等，重要的是一定要明确地把这个行动说出来。

画重点

心动和行动，一定要有一个动起来！

鲸鱼笔记

（1）促销活动要让人有紧张感稀缺感，价格要有对比，敦促的效果才会更好；

（2）通过说明商品热销，如很多人买或者意见领袖也在购买，这些都容易让其他人跟随购买；

（3）直接通过文字、视觉引导用户做出下意识的动作。

“简短地展现以便他们阅读，清楚地展现以便他们欣赏，如画般地展现以便他们记忆，最重要的是，准确地展现以便他们被它的光明所指引。”——约瑟夫·普利策（*Joseph Pulitzer*）

第六章

灵活运用工具、方法解决问题

你以为你学到的思路仅仅是写短文案、长文案？其实你如果真正掌握了“说什么—对谁说—在哪说—怎么说”，你能解决工作中的很多问题。

6.1 电商首页的文案

之前我接到过一个项目，帮一家销售枕头的天猫旗舰店写首页文案。这个行业竞争很大，做同类枕头的店铺也非常多，一开始很难找到合适的卖点来突破，因此我也是按照自己总结的方式开始慢慢入手。

说什么：找到要说的点

文案思路其实就是一个解决问题的思路，你用这个思路，能够搞定工作中的很多问题。

按照惯例，我理所当然是先问清楚“说什么：找到要说的点”，因此我们首先要搞清楚三个问题：

（1）是什么？了解清楚产品是做什么的。

（2）为什么？主要搞清楚两点：①用户为什么要购买这个产品？②同类竞品中，为什么要选择我们而不是别人？

（3）怎么样？不仅要知道是做什么枕头的，还需要进一步熟悉一下产品特点。

店主“快乐的居易”介绍说他们家销售的是婴儿定型枕（前文已简单提到过），目前口碑很不错，定型枕能调整 0~1 岁之间宝宝的头型，只要按照他们的方法使用就会有效果。不过目前的苦恼是，很多妈妈的孩子都 1 岁多了，如果这时候使用定型枕，效果已经不会那么好了。因此店主希望能够让这些妈妈们知道，宝宝头型问题在刚出生到一岁之间是最好的调整时段，希望大家不要在宝宝很大了才来考虑头型问题。同时也希望那些还在怀孕的妈妈早点做准备，宝宝头型问题提前防范好于后期纠正。

居易主动和我说过我想问的问题“用户为什么要购买这个产品”——0~1 岁有头型问题的婴儿需要用定型枕来调整，没有头型问题用定型枕可以避免有头型问题。所以接下来我就问他“同类竞品中，为什么要选择我们而不是其他产品”，居易说枕头本身差别不会太大，但是他们家的服务比别人好。有些宝宝头型问题并非严格意义上的扁头、歪头，而是综合性的问题，所以使用枕头时也不能一味地按照说明书来。他们会让妈妈们按照要求拍几张照片发过来，他们会亲自指导具体如何使用定型枕，然后根据实际情况再做调整。然而其他的店铺不会这样，枕头卖了就卖了，所以居易家的定型枕客户口碑很好，目前为止累计有 6 万多的好评。

目标大纲项	详细填写
明确说话对象	正在怀孕的妈妈们或者宝宝 0~1 岁内的妈妈们
文案的变化结果	看完我们的店铺首页后，知道宝宝在刚出生时是最适合用婴儿定型枕的时候，并且认可我们的婴儿枕是专业的，会考虑购买
从理性上信息传达	1. 宝宝刚出生时是头型的关键维护时期，“提前防范好于后期纠正” 2. 产品特色：产品获得双专利技术 3. 服务特色：有头型疑难问题可以获得专业的指导
从感性上情绪推动	专业（目前想到的就是这个词，回头了解完同类竞争店铺，再考虑要呈现出一个怎样的印象）

了解了这些情况，我差不多能够列个关于这个店铺首页的目标大纲了。

对谁说：找到目标人群

确定了要说什么，接下来再了解一下对谁说。我们要了解的主要内容和之前提到的一样：人群标签、人群喜好、待满足的需求、与本品类的关系、与本品牌的关系、对我们广告的印象。

本身就是一个妈妈的我，差不多也能在心里把这几项内容一一填上。

类型及关系	人群特征填写处	参考选项
人群标签	25~35 岁；女性；她们都在乎孩子的头型	性别、年龄、地域、教育水平、职业、收入状况、婚姻状况
人群喜好	兴趣爱好：孩子刚出生不久，关注点都在孩子，关心孩子的吃喝住行用等 购物喜好：喜欢货比三家。 价值观：孩子的事情都是重要的事情	兴趣爱好、购物喜好、价值观
待满足需求	能够让宝宝有个好头型的枕头	我们商品或品牌能够满足人群的哪些需求
与本品类的关系	第一次购买让宝宝睡的枕头，天猫上有很多选择	使用和购买该品类的频率
与本品牌的关系	没听说过这个品牌，不知道是不是靠谱	使用和购买我品牌的频率
对我们广告的印象	第一次进这个店铺，感觉很杂乱	不认识？认识？有印象？知道是做什么的

这次任务还有四个方面需要注意的：

（1）确定品牌个性、特色（又叫调性、风格）。好好研究一下同类竞争店铺，再确定我们自己的品牌个性。因为我们的客户大部分都会货比三家，我们得知道她们面临着这么多选择，我们应该用怎样的形象出现才更容易打动她们。

（2）根据品牌个性规划店铺首页，整体设计的颜色、文案都要符合原定个性。

（3）广告语能够体现出我们的产品定位，明确我们是做什么的，特色是什么。

（4）内容要有利于网页设计师直接设计，你的文案不仅要让客户秒懂而且网页设计师看完也能秒懂，不需要花额外的沟通时间确定设计细节等。

有没有发现，这个文案任务仿佛上升到品牌策划层面了，已经不仅仅是文案了。这对于大部分文案新手来说，确实有点难度。

一、广告语、定位如何找

首先要先确定的是广告语，之前我有提到广告语如何写，我们讲过的写标题的方法，能够直接运用到这里来。

“好看的颜值，妈妈给；漂亮的头型，枕出来”

“睡出个漂亮宝宝”

“孩子是上帝的礼物，慢乐是送给孩子最好的成长礼物！”

“宝贝完美降临，从‘头’开始”

“× × 定型枕，妈妈身边的婴儿头型专家”

“专业婴儿枕，睡出好头型”

看内容的话这些都很不错，但是不知道大家还记不记得我们的广告语要求：体现产品的定位，体现出我们的专业度。

因此我们最终确定的广告语就是：“专业婴儿枕，睡出好头型”。

这个广告语的框架是“卖点 + 收益点”，第一句话是睡枕的卖点，体现了品牌的专业性，第二句话是这个卖点能够给用户带来的好处。

总结这个广告语创作的过程，我们可以分 3 个步骤：

（1）分析竞争对手。

（2）找到他们没说过的点。

（3）提炼广告语。

1. 分析竞争对手

我们需要大概了解一下每个品牌宣传的点，分析一下他们的特点。

品牌 A：新生代宝宝更好的选择（无具体卖点，宽泛）

品牌 B：× × ×（品牌 B 名称）智能系统（听起来档次高，但不够具体）

品牌 C：为儿童安稳睡觉护航（无具体卖点，但能体现给用户的好处）

品牌 D：荷兰专业颈椎护理品牌（能体现专业，但没体现是婴儿使用的）

2. 找到他们没说过的点

通过分析你会发现，有一部分广告语比较宽泛，少部分体现了自己是宝宝品类，有一部分在体现专业，但是没有体现婴儿枕的特性。那我们就找到一个中间点，既要体现品牌的专业性，又要体现自己是专门做婴儿枕的。

3. 提炼广告语

同类竞争对手的广告语都比较抽象，那我们就具体一点。重要的是没人强调自己是专业做婴儿枕的，既然大家都没说，那我们就先霸占着这个位置，这个方法在定位中称为“抢先定位”。时间积累、推广力度到位，以后别人想到婴儿枕，就会先想到我们。

因此你要写一个产品的文案，也可以考虑按照这 3 个步骤来。先把同类竞争对手是如何写的，他们在突出什么卖点也找出来，再尝试找他们没说过但用户又比较关注的点，最后再开始文案创作。

敲黑板

品牌所有内容都决定了品牌印象，一定要让印象聚焦统一。

二、品牌个性怎么找？

先让我们了解一下品牌的七种个性：

美国品牌学之父戴维·阿克通过对品牌个性的研究总结出七种品牌个性：

品牌个性	具体表现及代表品牌
坦诚（sincerity）	脚踏实地、诚实、有益和愉快，如 Hello Kitty、海尔
刺激（exciting）	大胆、生机勃勃、活泼、富有想象力和时尚，如卡尔文·克雷恩（简称 CK）
能力（competence）	可靠、聪明和成功，如索尼、本田
教养（sophistication）	上流社会的和有魅力的，如资生堂
粗犷（ruggedness）	户外的和坚硬的，如万宝路、骆驼
激情（passion）	感情丰富、灵性和神秘，如杜嘉班纳（简称 D&G）
平静（peacefulness）	和谐、平衡和自然，如雅马哈

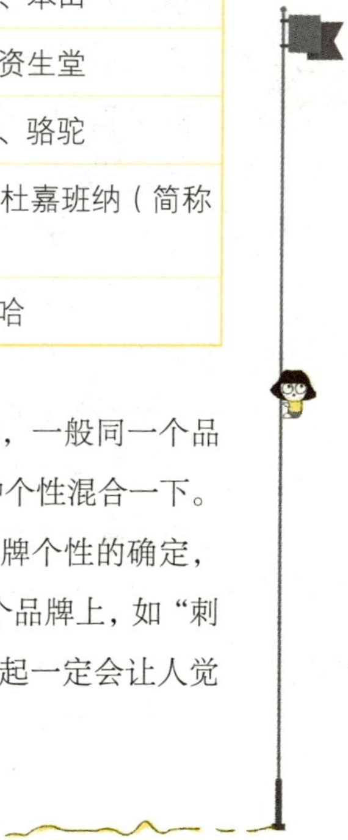

这七种个性几乎包含了所有主流的品牌个性，一般同一个品牌不会同时表现出七种个性，所以一般选用一两种个性混合一下。如果个性太多就会给大家的印象不稳定，影响品牌个性的确定，而且两种对立的个性一般也不会同时出现在同一个品牌上，如“刺激”和“平静”是两个极端的性格，如果放在一起一定会让人觉得不舒服。

接下来说说我们确定的婴儿定型枕的品牌个性，我主要选了三个关键词：坦诚、专业、温情。

第一个关键词：坦诚。为什么这么选呢？一方面妈妈都希望给宝宝的品牌偏向于“坦诚”和“平静”，但是过于“平静”又少了点生活气息，所以最终确定为“坦诚”。另一方面在我跟居易沟通的过程中，也感受到对方是一个坦诚的店主。比如，之前广告语我想加一句“三个月睡出好头型”，他会反对我，因为他说有一些宝宝是实现不了的，我们不能欺骗用户。

这个关键词我们主要会在客服沟通中体现，跟头型专家沟通中体现。一个坦诚的人绝对不会用恐惧心理来吓唬顾客。给大家看看这些文案：“宝宝头型糟糕，将会一辈子痛苦。”“睡不好，坐不住，十人九痔，不耐久坐屁股疼，腰酸背痛”，这些文案大部分使用了负面词汇。而“坦诚”这个个性表现的是有益的、快乐的气氛。在品牌形象设计上，也倾向于用愉快、真诚的话语去沟通。相对于说痛点，这个文案更适合用“理想场景”把卖点表现出来。比如第一句话就可以修改成：“宝宝有个好头型，未来无论什么发型都好看”，这样顾客的感受就会有所不同，体现出的品牌性格也完全不一样。

第二个关键词：专业。这个也确实呼应本身的定位。这个个性类似于品牌人格中的“能力”。我们可以在首页页面描述中体现出专业，强调我们要让用户知道的信息：

（1）产品特色：产品获得双专利技术。

（2）服务特色：有头型疑难问题可以获得专业的指导。

第三个关键词：温情。之所以选择这个关键词，主要是基于目标人群的特性——妈妈。妈妈给孩子选择产品时是温情的，妈妈与孩子沟通时是温情的。而且在其他同类竞争对手的店铺中，很少能让人感受到温情，大多都是在冷冰冰地卖货。因此我们可以用具有故事场景的形式，如妈妈般的语言来写文案。

我们写的文案，就好像是使用过定型枕的妈妈说的话。

目标大纲项	详细填写
明确说话对象	正在怀孕的妈妈们或者宝宝 0~1 岁的妈妈们
文案的变化结果	看完我们的店铺首页后，知道宝宝在刚出生时最适合用婴儿定型枕的时候，并且认可我们的婴儿枕是专业的，会考虑购买
从理性上信息传达	1. 宝宝刚出生时是头型的关键维护时期，“提前防患好于后期纠正” 2. 产品特色：产品获得双专利技术 3. 服务特色：有头型疑难问题可以获得专业的指导
从感性上情绪推动	坦诚、专业、温情

三、首页应该如何规划

现在我们已经明确了到底要说什么。因此一个确定版的文案目标沟通大纲是这样的：

品牌性情设置：
坦诚、专业、温情

坦诚：真诚、愉快；
客服沟通中体现出真诚，文案体现出坦诚。
专业：充分展示婴儿定型枕的专业性；
页面描述体现专业性。
温情：温暖、有爱；
用具有故事场景的形式，如妈妈般的语言来写文案。

所以这些是我们在天猫首页要做的事情，让用户知道这些信息，感受到我们的品牌个性。因为这是一份店铺首页规划文案，所以我们还要考虑整体设计。我之前说过，我们写的文案要让网页设计师看到我们的内容，基本不用过多沟通就能直接执行。

因此我们首先就要规划好整体颜色，确定每个位置放什么内容。文案是这个品牌的“代言人”，网页设计、平面设计形象都是这个人穿的衣服。我们可以想象一下，一个坦诚、专业、温情的卖婴儿枕头的人，她会穿什么颜色的衣服？想必大家首先想到的都是淡色，再加上这个宝宝睡枕 logo 的颜色是蓝色，因此我们最终可以选择蓝色系。但是 logo 原本的蓝色感觉太冷，能体现专业但是没有温情的感觉。因此我们可以选择马卡龙蓝色。我们主色调定为马卡龙蓝色，另外还需要用一个浅浅的灰色作为辅助，因为如果全部只用一个颜色，用户看着会很累。

确定主色调之后，就要考虑整个首页如何去完成我们的文案目标。当然这也要根据用户的视觉习惯来，如在网页上，用户的视觉路线就是一个“F”的路线。我用一个灰色的箭头来表示一下：

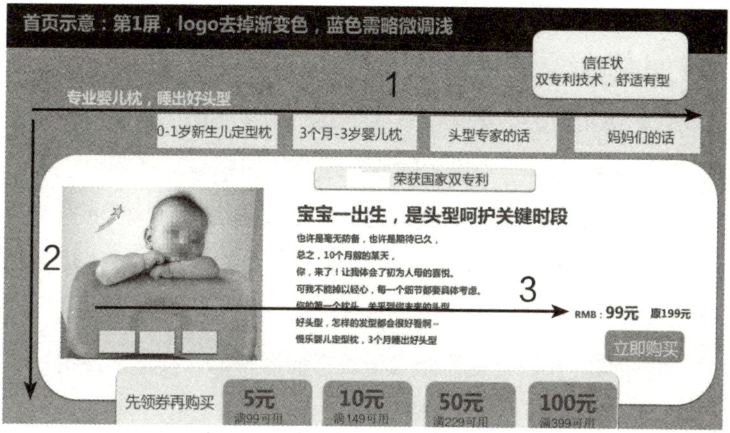

顶部是“F”的一横，用户都是首先习惯看这个顶部，而且是从左到右看。这一般都是一个店铺最重要的位置，就好像线下门店的店铺招牌一样，需要告诉别人“我是谁”“我最大的特点是什么”。如果把这个首页当作一篇文案，那么这个位置就是我们所说的“描述”和“承诺”部分，重点在描述“这是什么”“能够给用户带来什么好处”。不过因为这是网店的店铺，所以不用过多地说痛点、理想场景，而是直接亮出主题。把品牌商标、广告语“专业婴儿枕，睡出好头型”放上去，就能够让用户知道我们承诺了什么。再加上“双专利技术，舒适有型”的产品特色（这是需要让用户知道的信息，这也是一个对承诺“睡出好头型”的证明）。

0~1 岁新生儿定型枕	3 个月 ~3 岁婴儿枕	头型专家的话	妈妈们的话

“0~1 岁新生儿定型枕”“3 个月 ~3 岁婴儿枕”这两个按钮能让妈妈们感受到这个店铺是专门做婴儿枕的。“头型专家的话”这个按钮点击进去，是头型专家针对不同头型情况给出的建议，能体现出专业性。“妈妈们的话”这个按钮则是运用客户口碑，选用妈妈们说过的话证明我们的品牌是值得信任的。后面这两个按钮，在文案内容上可以体现温情，文案最好不要用冷冰冰的话语。

所有的内容都是为达到文案目标而准备的，接下来说说这个“F”视线剩下的一竖和一横。

“F”视线的一竖，就是左边的内容安排了一个产品和模特图，让人一眼看到婴儿枕以及枕头的 3 个卖点。

（1）宝宝一出生，是头型的关键维护时期，“提前防范好于后期纠正”。

（2）产品特色：产品获得双专利技术。

（3）服务特色：有头型疑难问题可以获得专业的指导。

需要让用户感受到：坦诚、专业、温情

“F”的最后一横，主要用来体现这个（1）。接下来我们用妈妈般的语言从刚出生、三个月、一岁三个阶段温情地说明一个问题：“宝宝一出生，是头型的关键维护时期，提前防范好于后期纠正”。

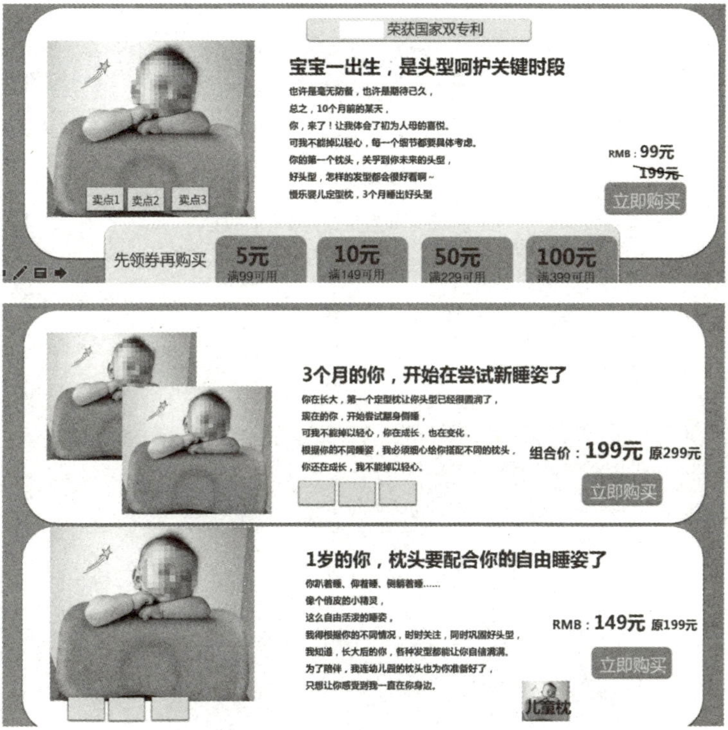

大家肯定也注意到了，价格旁边还有一个与原价对比，这会让用户感受到现在购买价格比较优惠，而且还设计了一个购买按钮直接引导用户购买。

最下面还设计了领取优惠券的版块，这是希望用户看到后顺手领取，一旦领取就有很大概率会去用它，也更容易促成购买。

接下来的内容是在完成目标大纲的“（3）服务特色：有头型疑难问题可以获得专业的指导”，因此我们设计了这样两个版块“头型专家”和“客户口碑”：

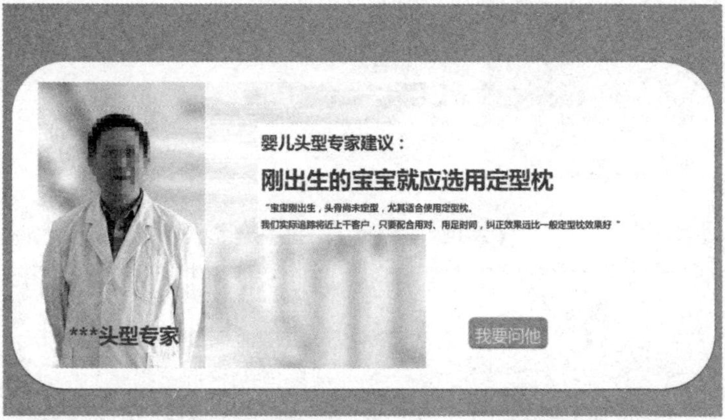

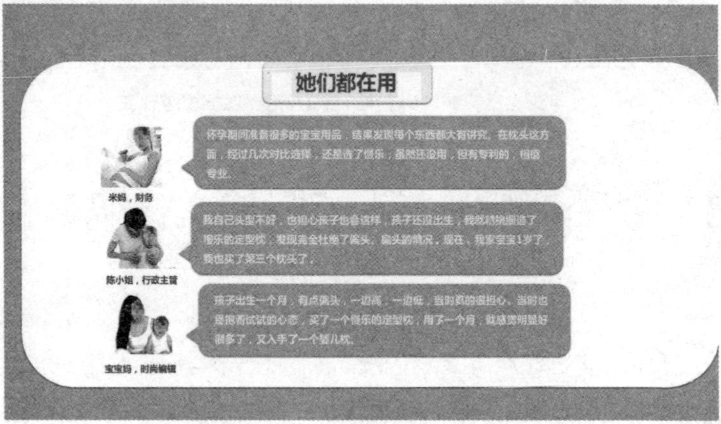

我选的客户口碑并非仅仅只是简单地罗列客户口碑，而是做

了针对性的选择。

第一个是我们想主抓的购买人群是正在怀孕的妈妈们；

第二个也是我们想抓住的人群，就是头型有点问题的宝宝的妈妈们；

第三个则是长期购买我们睡枕的妈妈现身说法。

这些客户口碑不仅能增加信任，也能让其他用户容易感受到温情。

当然在选择客户口碑的时候，他们所说的话一定要足够具体，而不能光说：“啊，这个枕头很好”。

画重点

凡是不能为文案目标服务的内容，就去掉！

6.2 能解决顾虑的商品文案才有高转化率

我们有一个客户是做了十几年洗发水、沐浴露的品牌，他们之前一直在给五星级酒店提供洗发水、沐浴露，而且还在沃尔玛卖过一段时间。现在他们推出了一款无硅油、零添加、去油、去屑洗发水，但是在天猫旗舰店这款产品的销量很低，因此拜托我们优化一下商品的详情页文案。

按照我们惯用的思路，应该理清楚“说什么”，那我们需要做的就是了解用户都通过客服提了哪些问题，提得最多的问题基本就是我们需要解决的顾虑。

敲黑板

卖货文案不能单纯描述商品特色，而应考虑打消用户的顾虑。

通过深入了解，我们知道了买家一般都会问客服这几个问题：

（1）去油去屑效果好不好？

（2）品牌靠谱吗？品牌真的在沃尔玛卖过？

目前市场上同类的详情页文案，都在鼓吹自己商品有多好，但其实商品有优点也有缺点。我们有时候需要把缺点转变成优点来说，但是如果商品的缺点都能够带来好处，用户肯定会毫不犹豫地下单。

这也是寻找商品卖点的一个切入点，化劣势为优势。给大家看个案例：

Avis 安飞士租车：我们的柜台前人更少。

安飞士是租车市场的老二，老大是 Hertz 赫兹租车。赫兹租车生意很旺，柜台前都要排队，而安飞士顾客很少。运用这个广告语，他把这个劣势转变为优势，用户量也有了很大的提升。

回到我们这次的客户，我们这个商品的去油、去屑的效果比不上专业药物。主要是因为纯天然、零添加，所以去油、去屑的效果不会很快。但是如果把劣势转化为优势，这样效果就会很不一样：

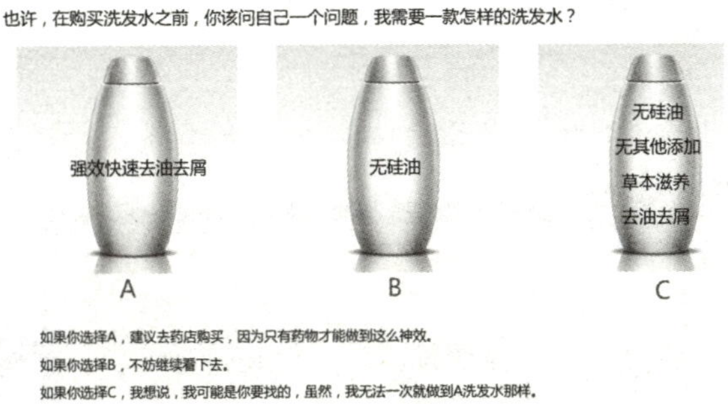

这个选择题很有意思：一是回答了我们文案目标的第一个问题，帮助用户排除了其他选择；二是也体现了我们的特点，而且还感受到品牌的真诚，一点都不浮夸。

接下来就要解决第二个问题，那就是品牌信任的问题。我认为大概有这三个方向：

（1）在沃尔玛卖过，这个算是最权威的。

（2）品牌做了 20 年，口碑还是有的。

（3）这个品牌是个中医药大学教授研发的。

第一点可以把我们品牌之前在沃尔玛做的商品陈列的图用上。第二点可以选用品牌老用户的客户口碑，可以直接体现这个品牌靠谱。第三点就需要让用户看到这个中医药大学教授的样子以及他说的话，这样比起证书会让用户更有信赖感。

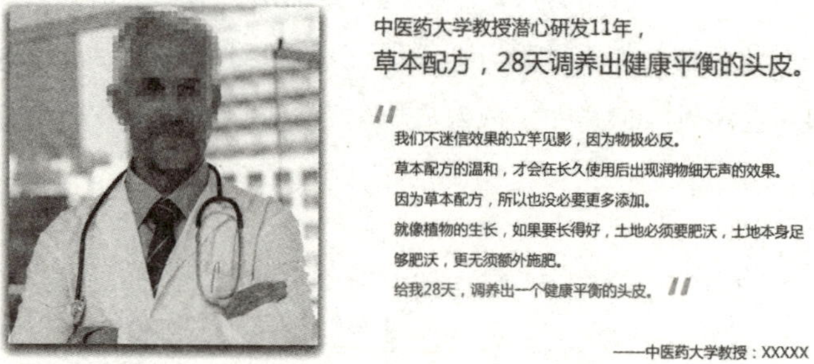

敲黑板

让用户看到具体的人，会让用户更有信任感。

这个文案完全能够感受到教授的真诚、专业：

“我们不迷信效果的立竿见影，因为物极必反。

草本配方的温和，才会在长久使用后出现润物细无声的效果。

因为草本配方，所以也没必要更多添加。

就像植物的生长，如果要长得好，土地必须要肥沃，土地本身足够肥沃，更无须额外施肥。

给我 28 天，调养出一个健康平衡的头皮。”

这个讲解充分说明了商品原理，告诉大家这个洗发水不能一洗就见效的原因是头皮需要一个调理周期。“就像植物生长，如果要长得好，土地要肥沃”这句话运用比喻的手法把头皮喻为土地，把头发喻为植物。也更能让用户形象地理解这个原理。

鲸鱼笔记

（1）找商品切入点，劣势也能变优势。如文中提到的洗头水去屑、去油效果不明显，但是效果不明显的原因也正是因为成分天然，这样我就能接受这个效果不明显了。而且把缺点说出来，也能让人感受到真诚。

（2）让人看到一个真实的人，更容易获得用户信任。不少品牌会直接把创始人照片放在包装上，当我们看到他们包装上有真实的人，就会感受到创始人对产品的信心。

（3）文案所有内容都是为文案目标服务的，理解目标人群在想什么，他们有什么顾虑，也会更有利于我们理清楚文案目标，知道要对他们说什么。

（4）用比喻能让文案更生动。对于头皮和头发这样的关系，一般人都不太懂，但是如果用比喻，用我们熟悉的事物来类比，用户就很容易理解了。文案并不是简单地把要说的话说出来，还要考虑如何让用户看完就懂。

6.3 学会拆解自媒体文案，变成文案高手

之前讲的大部分都是电商类文案，自媒体文案应该怎么写呢？

我们之前提到的思路在自媒体文案中也一样通用。我先展示一下我的好朋友杨小米的一篇自媒体文案。

《历时 6 个月，花了 3 个 iPhoneX 的钱，我的牙齿问题解决了……》这篇销售软文转化率非常高，我们可以看看小米是如何写这个内容的。按照“描绘—承诺—证明—敦促”的框架来看小米是怎么说的，看完后我们还可以进一步探讨这个文案后面的“说什么”“对谁说”“在哪说”。

这个开篇的“描绘”其实很明显，第一小节是描绘痛点场景。

去年，我给大家分享了我的看牙经历，医生查出来我有七颗牙齿要补，其中一颗还因为龋齿严重需要做根管治疗，做完后还需要做冠，另外还有 4 颗智齿要拔。

医生当时告诉我，我的牙齿问题要全部解决起码要 6 个月，说实话，这 6 个月真是太漫长了。

因为治疗并不是一次做好的，次数多、流程长还需要循序渐进。每次去医院，躺在治疗专用的椅子上，听到仪器嗡嗡响的时候，内心的痛苦感就来了，每次一治疗就是一个多小时，一打麻药就感觉嘴都肿了……

有了这次的经历之后，现在我特别重视刷牙，不仅每天早晚刷牙，饭后还要漱口，坚持用牙线。一是我再也不想受这样的苦；

二是我也特别心疼钱，我这套治疗，加起来花了 3 个 iPhoneX 都不止了。

1　　2　　3

痛苦场景——解释原因——给出承诺

这个文案里有龋齿导致的痛苦场景：牙齿问题要解决存在时间长、流程长的烦恼，治疗牙齿很痛苦还要打麻药，而且还费钱。为了突出费钱，还用了一个类比——“加起来花了 3 个 iPhoneX 都不止了”，这能让人直接感受到究竟花了多少钱。

我也问过医生，我每天早晚都坚持刷牙，为什么还会有龋齿呢？

医生告诉我，因为刷牙的方法不对或刷牙不够认真，很多食物残渣都堆积在牙齿缝隙里，滋生牙菌斑，它长期附着在牙齿上，会引起牙龈炎、龋齿等问题。

牙菌斑是绝大部分牙病的罪魁祸首，日常刷牙就是为了祛除它们。

现在越来越多的牙医推荐电动牙刷，相比在牙齿表面 2D 式清洁的手动刷牙，电动牙刷的洁牙是 3D 形式的，能通过高频震动深入牙缝和牙龈，扫除口腔里的牙菌斑。

接下来她开始解释是什么原因导致她这么痛苦的。第二小节的后面就是推荐具体的牙刷，特别好的一点是，她还把这个电动牙刷与普通的牙刷进行对比，看到对比图后，读者会立刻感觉到还是电动牙刷好。

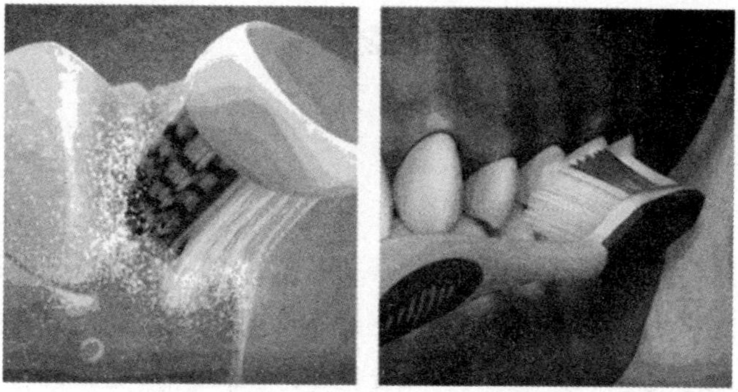

▲电动牙刷的清洁效率远远高于传统牙刷

至于“承诺”的部分，还特别说明了商品的3个卖点并加以证明：

（1）本款电动牙刷的外形设计：“刷柄由日本知名设计师根据亚洲人手型设计”，这个设计获得了世界三大设计奖之一的“德国红点设计大奖”，这个奖项号称是“设计界的奥斯卡”。巧妙的是后面特别标注了这个奖项是“设计界的奥斯卡”，否则用户不明白这个奖项的分量。

（2）牙刷的四种清洁模式能让人一眼看明白这个牙刷有哪些功能。在这一部分，她还特地交代自己经常刷牙出血，但是用这个电动牙刷却一点事儿都没有。

（3）牙刷的价格。“我本来以为这么好的产品，价格起码上千了吧？但其实才卖不到300元”，一开始说上千的价格，让我们心里有个“锚定”，然后又说“不到 300 元”，就会让读者感觉 300 元也不是很贵，这其实就是“锚定效应”。

画重点

锚定效应指的是人们在对某人某事做出判断时，易受第一印象或第一信息支配，就像沉入海底的锚一样把人们的思想固定在某处。

锚定效应的运用：

（1）店铺商品陈列。显著位置摆放的是店铺最贵的商品。这样让人一进店铺看到的价格也成为心里的锚，继续逛下去就会感受到其他商品没那么贵，这样可以促进消费。

（2）推荐商品时。先给顾客推荐更贵的东西，接下来推荐稍微便宜一点的商品（但对于同类来说还是略贵），顾客会更容易接受。

（3）打折促销时，标出原价。原价也是一个锚。

“我本来以为这么好的产品，价格起码上千了吧？但其实才卖不到 300 元”就是运用了锚定效应。

接下来的“证明”分为两部分：

第一部分：讲创始人故事。（也就是全文的第 3 小节）

第二部分：商品具体卖点。

第一部分的故事也遵循了我们“描绘—承诺—证明”的框架。

描绘部分：讲述了他妻子的痛点，市场上的电动牙刷不适合牙龈敏感的人，因为市面上的电动牙刷不管是刷头大小、握感还是振动频率都不适合亚洲人使用。

承诺部分：要设计一个适合亚洲人用的电动牙刷（我们的广告商品）。

证明部分：获得了知名投资公司及投资人的投资，也获得了佟大为的认可，还登上了《芭莎男士》。这些基本都是用权威来证明这款商品的优秀。我们一起看一下原文：

Luther说他的妻子是做过正畸矫正的患者，再加上本来牙龈就敏感，是典型的易出血易酸痛体质。对于这种敏感的口腔，确实很让人头疼，在市面上购买了不少国外知名品牌的电动牙刷，情况依然没有得到缓解。

于是，Luther萌生了自己做一把电动牙刷的想法。

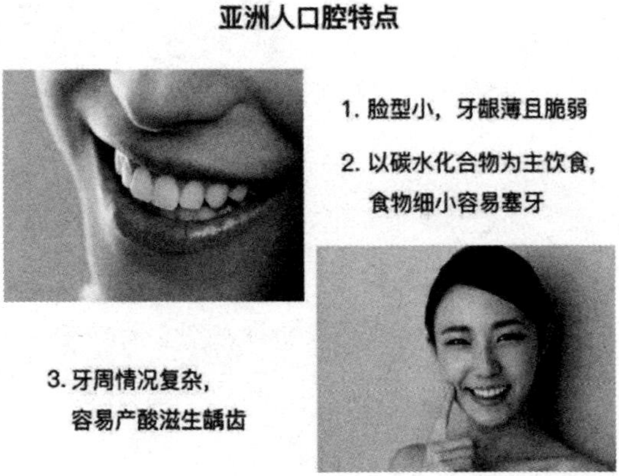

在他决定做电动牙刷之后，Luther做了一个近乎疯狂的决定。他先是把自己的房产抵押掉了，贷出了300万元的启动资金，然后他托了很多同学，在世界各地大量收集电动牙刷。花了20多万元买了将近1 000把的电动牙刷。

然后，他把这1 000把牙刷拆掉了！

Luther研究的近1 000套电动牙刷中的一小部分

拆了后Luther找到了为何市面上的电动牙刷无法让妻子满意的主要原因：市场上大都是以欧美或类欧美产品为主，不管是刷头大小、握感还是震动频率，都不适合亚洲人使用。

Luther说，当时他就想明白了，要做一款真正价格亲民又无敌专业，技术与时尚齐飞，质量与颜值兼备的好产品，让电动牙刷成为国人洗漱台上的必备品！

OraCleen 团队与佟大为在一起

这支热血爆棚的技术宅创业团队很快获得了资本的青睐。

Luther 与投资人徐小平在一起

2016 年，OraCleen 获得极客帮创投、真格基金还有明星佟大为的投资。佟大为至今只投资过两个项目，而 OraCleen 就是其中之一。真格基金的徐小平更是只花了 25 分钟就决定投资这个项目。

佟大为在 OraCleen 小欧的会议室

就连男刊领袖《芭莎男士》也出现了它的身影——

这个故事也遵循文案大框架“描述—承诺—证明—敦促”的原理，如果用故事框架 SCQOR 来解析会更细致，我们一起来分析一下：

设定状况：品牌创始人原本生活安逸。

发现问题：创始人妻子不能用市场上的电动牙刷。

设定课题：创始人就想要设计一款适合牙龈敏感的亚洲人的牙刷。

克服障碍：主人公去为目标付出努力，把自己的房产抵押掉了，筹集了 300 万元的启动资金，花了 20 多万元买了将近 1 000 把的电动牙刷。

解决收尾：最后解决问题，推出了这款电动牙刷。

第一部分写得非常好，通过这个故事我们知道了这个商品的特点：适合牙龈敏感的人用，也适合亚洲人用，而且还获得知名投资人的投资。虽然是个感性故事，但是里面也有理性的部分，如用数据证明这个创始人的认真——“花了 20 多万元买了将近 1 000 把电动牙刷。然后他把这 1 000 把牙刷拆掉了！”

第二部分：商品具体卖点（全文的第 4 小节），分别有三点：保护牙龈的核心技术、无线充电技术、智能化。

第一个卖点是：保护牙龈的核心技术。为了证明这点运用了一些极具说服力的元素来证明：

（1）运用权威。凭借自主马达专利发明技术获得了“国家高新技术企业”称号（注意：为了突出这个称号的重量级，还特别说明“中国电动牙刷领域有自主马达专利的公司少之又少”）。

（2）运用数据。“在保持 320gf.cm 扭力输出的同时，实现 37 800 次 / 分钟左右的振动。”虽然大部分人对这个数据不了解，不过运用数据能会让人感受到专业度，是值得信任的。

（3）运用效果证明。他们在实验室里做的花式测试，直接证明效果。

启动OraCleen电动牙刷，刷头浸入水杯，能看到打出的气泡激流又多又细腻。

这意味着牙齿最难刷的缝隙也能冲刷干净，这些激流波动还能破坏造成牙菌斑的细菌链，防止牙菌斑附着于牙齿表面至牙龈线下方5毫米的深度。

不管是用权威、用数据还是运用效果证明都在证明一个卖点：保护牙龈的核心技术。

第二个卖点是无线充电技术。这篇文章主要用数据证明“充电 12 个小时，就能持续使用 20 天以上”，这个数据很具体。小米还特地补充了一句：“一般的长短期出差和旅游度假都不用带充电器。”这句话补充得非常棒，这就是“卖点 + 收益点”的文案框架，这句话体现了充电快、用得久这两个特点能够给用户带来的好处。

第三个商品卖点是智能化。小米的标题是“这是一款独属于你的智能化的电动牙刷”，这部分主要介绍电动牙刷配套的

App，用户可以直接与牙医沟通咨询。其实就是用细节来证明牙刷的智能化。

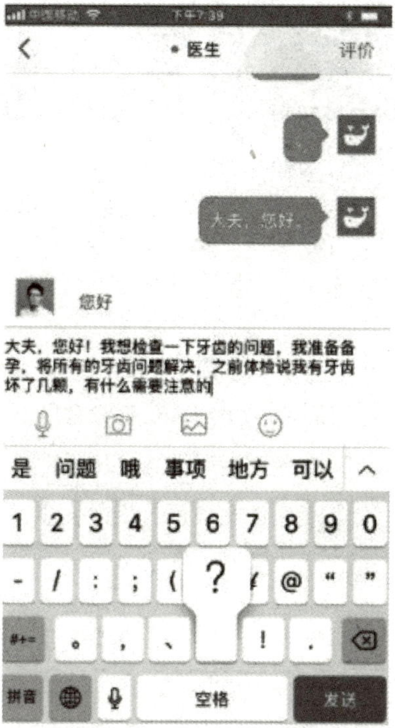

文章的最后写了客户口碑，这有一定的“敦促”作用。基本到文章最后，读者内容看得差不多了，是时候“感性加理性”地引导客户行动了。

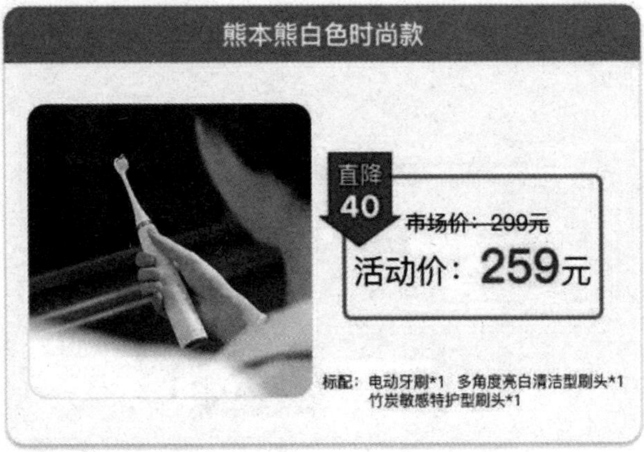

“长按识别下面二维码或点击文末‘阅读原文’到微信旗舰店直接购买”这几句话都是动作引导，刺激客户下意识行动。而“限时优惠，抢完即止”就是在运用“损失厌恶”，制造出限时限量促销的紧张感。而且最后还在强调价格的优惠，让客户感觉现在不买就吃亏了。

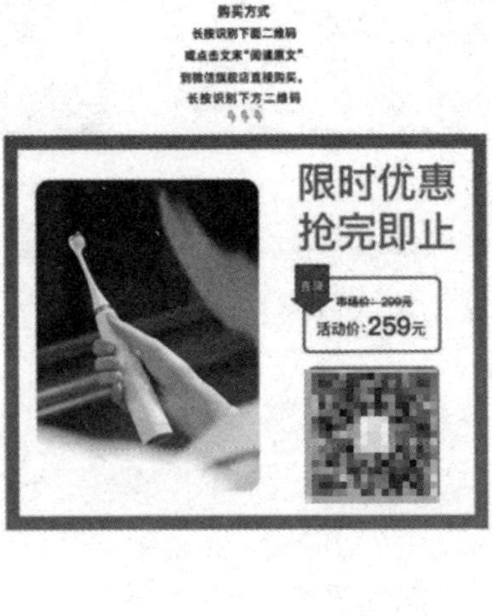

按照我们的思路总结一下：

明确说话对象	“遇见小 mi”公众号粉丝，他们大部分没有用电动牙刷或者用的是其他品牌电动牙刷，对生活品质有一定要求
文案的变化结果	看完我们的文案后，知道电动牙刷的特点并且立即下单购买
从理性上信息传达	1. 更适合：适合牙龈敏感的人，也更适合亚洲人 2. 商品特色：技术过关，有强大的投资背景，好用 3. 促销活动：现在购买还能享受小米粉丝专属特价
从感性上情绪推动	1. 小米老师在真诚地推荐商品，跟着她买，很靠谱 2. 产生如果不好好保护牙齿后期可能需要花更多的钱的担忧

画重点

学会拆解文案，是练习，更是学习。

文案创作是从“说什么—对谁说—在哪说—怎么说”的路径来思考的，每一模块都有具体工具，而拆解文案则是从“怎么说”来推导出前面的“说什么、对谁说、在哪说”。在这个过程我们仍然用“怎么说”里的框架（描绘—承诺—证明—敦促）来拆解，学习一下别人是如何运用这些方法的。

描绘：

这个部分提供两个方法：一是描述痛苦场景；二是描述理想场景。可以根据自己的需要来选用。

呈现痛苦场景—呈现理想场景—给出承诺

理想场景—解释原因—给出承诺

痛苦场景—解释原因—给出承诺

拿着这个框架，看看别人的文案是怎么写出来的，还有没有优化的空间。

如小米老师的这个描述部分，就会有人在看到这个描述痛苦场景后，大概能够推断出后面应该会解释出现这种痛苦的原因，这会让内容显得更为专业，也更有说服力。如果小米老师这里写完了痛苦场景，不解释原因就直接给出承诺，也不排除相应选项，我们会感觉这里有点怪，这其实就是因为我们内心已经有了文案框架，看文案也会不自觉地代入。

小米老师的说话对象都是对她熟悉的粉丝，在自己的公众号上发布，所以写自己的痛点反而更为真实可信，也能够感受到小米老师推荐商品的诚心。

承诺：

一般是通过描绘部分引出来的广告商品或者服务简要说明的卖点，主要用来点名主题。当然，如果你只是单纯写自媒体文章发表观点的，这个承诺部分往往是表达主要观点。

证明：

这部分其实是整体内容的核心部分。证明通常会分为几个点来说。如介绍一个商品，会写几个主要卖点，然后分别从感性、理性两方面运用相关证明方法来加以证明，让用户信任我们。

小米老师的证明部分主要分为两部分。

第一部分讲创始人的故事。突出了商品卖点：更适合亚洲人，而且能保护牙龈。

如何证明呢？此处主要运用讲故事的感性证明，也运用数据来证明创始人的付出，拆了 1 000 多把牙刷；也运用了权威，如知名投资人的投资，登上了知名杂志。

第二部分写了商品具体卖点。

（1）保护牙龈的核心技术。

运用权威。凭借自主马达专利发明技术获得了“国家高新技术企业”称号。

运用数据。“在保持 320gf.cm 扭力输出的同时，实现 37 800

次 / 分钟左右的振动。”

运用效果证明。一个他们在实验室里做的花式测试直接证明效果。

（2）无线充电技术。

此处主要运用数据来证明，“充电 12 个小时，就能持续使用 20 天以上”这个数据很具体，并且充分说明了这个无线充电技术能够带来的好处。使用理想场景“一般的长短期出差和旅游度假都不用带充电器。”引导用户购买。

（3）智能化。

这一部分主要运用细节，让人知道具体怎么智能化，用一张图片展示这个配套的 App，在 App 里面可以直接跟牙医沟通。

最后，还运用了客户口碑，从侧面说明商品的好处，让人对商品的总体印象不断加深。

画重点

证明部分要确定要说的要点，再考虑运用方法来证明。对照文案目标，一条条写清楚。

很多人在证明部分写得会让人感觉很凌乱，主要原因是没有搞清楚到底要说什么。在证明部分，建议一定要分成 1、2、3 点这样来说，这会让你的文案变得有逻辑。

如我要介绍小鱼牌口香糖。可以从原料、包装、口感这几方面来写，又或者按照过去、现在、未来的时间顺序的方式来写，又或者是按照深圳、北京、上海的地理位置的方式来写，又或者按照商品跟人物之间的关系，如小鱼口香糖和恋人、闺蜜、同学之间发生的故事来写。

总之写证明部分，必须先找到你要写的卖点，然后考虑运用什么元素来进行证明，这会让你整体文案的条理更清晰。

	理性证明				感性证明		
方法	用权威	用数据	效果证明	用细节	讲故事	客户案例	客户口碑
打“√”							

敦促：

作为长文案最后一部分，主要目的是促使用户看完后立即行动：

（1）损失厌恶。主要通过制造限时限量促销的紧张感，让人感觉现在不买就有损失。小米老师文案中就运用了这一点，有“小米粉丝专属价格”“限时优惠—价格低过 6.18”等。这个商品的市场价是多少，现在价格是多少。让用户感觉现在就是一个最好的购买时机。

（2）从众心理。主要营造很多人都在买的氛围，比如说明现在这个商品的热度很高，是一个网红商品，其实运用客户口碑，也有类似的效果。就像小米老师最后的客户口碑的运用，我们能够看到已经有不少人在买，而且买过的人都说好。

（3）动作引导。直接用文字或者视觉引导购买。这个虽然比较简单粗暴，但是很有必要。这样用户即使不考虑购买，也会在大脑中考虑一下。如小米老师的“长按识别下面二维码或点击文末‘阅读原文’到微信旗舰店直接购买”。

其实很多人看文案都没有去思考别人是如何写的，每一步都是如何处理的。当我们换个角度，用所学知识去看别人的文案时，才会发现别人到底好在哪里，甚至看一些不太好的文案，也能够知道不好在哪里，哪里需要改善。拆解别人的文案，也是一个很棒的学习方式。当然，如果我要写一个其他的商品文案，也按照这样的框架，对小米老师的文案进行仿写，相信也不会写得太糟糕。

学习文案真的不是一两天的事情，需要多加练习。但是只要掌握了正确方法，相信大家离文案高手就不远了，反正我挺有信心的！

考考你

搜索杨小米的《范冰冰洗头法火了，女神是怎样炼成的？》，并运用我们本书中所说的方法进行拆解，看看小米老师都用了什么方法来写这篇文案的。

6.4　找准广告投放渠道，让文案火起来

这一部分的内容和我之前提到的“在哪说”紧密相关，“在哪说”强调过三点：

（1）目标人群在哪就在哪说，让广告文案投放更精准有效。

（2）由“在哪说”决定“说什么”，充分考虑用户与广告的接触情况。

（3）巧妙运用“在哪说”，让你文案出彩。

瞄准目标人群，让广告投放更精准有效

“在哪说”就是指你的广告文案投放在哪里和用户接触。一般来说，“在哪说”都是由目标人群来决定的。如果你现在负责高端商务银行卡的广告文案投放，你觉得以下哪些地方更适合？

（1）地铁站广告。

（2）公寓电梯广告。

（3）高端商务办公楼电梯广告。

（4）机场广告。

大家有可能全部都会勾选，这是在广告预算多的情况下，当然是能让广告覆盖多少就覆盖多少，只是如果在预算有限的情况下需要精选。大家可能会选择高端商务办公楼和机场。

这个商品是“高端商务银行卡”，它对应的人群是高端商务

人士，那么这些人会经常出现在哪里呢？地铁站？公寓？既然是高端人士，那么以上这些地方出现的概率应该不高，他们应该有自己的车，会住在高端公寓，出差一般都会乘坐飞机。在他们经常出现的这些场所里投放广告，会让我们的广告更精准有效地让这些目标人群看到。

所以"对谁说"决定了"在哪说"。要搞清楚广告投放在哪里，需要先搞清楚目标人群会出现在哪里，这个道理其实大家都懂。"在哪说"也在一定程度上决定了我们的"怎么说"，也就是文案内容。

充分考虑用户与广告的真实接触情况

之前文案训练营有个学员拍了公交站台的广告图发给我们看，让我们猜猜是什么广告，结果我们微信群 200 多人里没有一个人猜中。

广告画面是一个小朋友裹着白色的棉被，手里拿着一个听诊器，旁边的文案是：

"宝贝别学你爸，每次感冒棉被当药。"

然后右上角有个很小的品牌 logo，右下角有个二维码，下方写着一行小字。这一行小字不蹲下来仔细看的话几乎看不见："扫码吐槽来这里，整年新衣送给你"。看到这样一个广告牌，有不少人猜这是卖家纺棉被的，也有人猜这是卖药的广告。我们完全可以想象得到，当行人们匆匆走过这个公交站台的广告牌时，瞥了一眼这个广告，他们会有什么反应？这些行人肯定会搞不清楚究竟是卖什么的。用户这样的反应完全没有达到广告的预期效果：

一是人们根本就看不懂这是谁家的广告，做了广告也相当于没有做；二是根本无法给目标消费者带来任何改变。

或许只有我们做文案的才会去扫码探索，这个广告到底是什么。扫码进去才发现，这是一个童装品牌做的品牌互动广告，邀请大家一起来参与吐槽爸爸的活动，奖品是这个品牌整年衣柜免单。作为一个文案创作者，实在手痒，我就给他改了一下文案：

×××童装邀你一起来吐槽爹

吐槽爹赢整年衣柜免单

立即扫描二维码，整年新衣送给你

这样一来文案就会清晰很多，至少当行人经过这个公交站台，即使不参与这个活动，仅仅是瞥一眼，也知道是哪个品牌办的活动。我后期又搜索了这个活动，发现这个活动线上做得非常火爆。在线上用的文案都是以吐槽为主，与我们开始看到的一样，而且出现在用户面前的是一系列吐槽文案，这样反而很震撼，参与人数也达到了10万以上，但是投放在线下公交站台，这样的广告效益被大打折扣。因此不同的广告渠道，文案也需要不同的创作方向。

画重点

“在哪说”决定“说什么”。

我们应该如何考虑用户跟广告接触的真实情况呢？首先我们不妨把自己当作用户，思考用户在不同的节点会有什么想法，他们会遇见什么问题，然后怎么思考。我们有没有可能在这些关键节点传达出他们想要的信息，达到我们的文案日标。

如我之前负责国内大型便利店美宜佳的广告文案时，就充分考虑了用户从进门到出门的路线来安排广告物料。当用户在门外时，会用大型 × 展架和海报吸引他们的注意，至少保证让用户有个初步印象。当他进来推开便利店的玻璃门时，在平行于他视线的玻璃门上，会设置相应广告物料，持续加强这个印象，当他在走向货架，在货架旁选购时也会增加广告物料加强他的印象，当他走向收银台时，收银台仍然有相应广告物料在传达同一个广告信息。在便利店用户选购商品的时间也非常短暂，但所有物料整合起来运用，效果和活动氛围就会更加明显。这些都是根据用户的情况设置的“在哪说”。

有时候“在哪说”说的未必是实体的广告文案，也可能说的是体验。如大部分体验好的电商品牌会充分考虑到用户从下单前、下单中、下单后的整个购物过程。很早之前的壳壳果、三只松鼠，在你下单后，就会给你发来一条短信，告诉你快递已经发出。当你拿到快递，为了方便你开箱会配有开箱器，打开箱子准备吃坚果时，还会考虑到你不方便敲开坚果壳，给你配有开果器，当你吃完坚果后，还配有果壳袋、湿纸巾。

又如当你手上拿着这本书，我想用一个更为有趣活跃的方式跟你交流。考虑到你不仅在看书，也可能会在某一时刻快速翻动这本书，我特别交代朋友为我在书的边页做一组动图配合你的翻动，这时你将看到一个小小的动画，我也希望这个小动画能够在某一时刻给予你向前的力量。如果你还没有玩这个小动画，我建议你现在就试试，你也可以顺手拍个小视频发朋友圈，相信也会吸引不少趣味相投的好友跟你互动、点赞、评论。此时，这个翻页小动画又成了你的社交手段。

这些都是基于对你的了解考虑到的，也是在考虑到你与这本书将怎么接触的基础上想到的方式。广告文案也一样，考虑用户跟文案的接触方式，在这些接触点上考虑应该说点什么，也许是简单的几句文字，也许是一个品牌 logo、广告语、图形，也许是一些行为体验的设计，这些都是充分考虑“在哪说”而得来的结果。

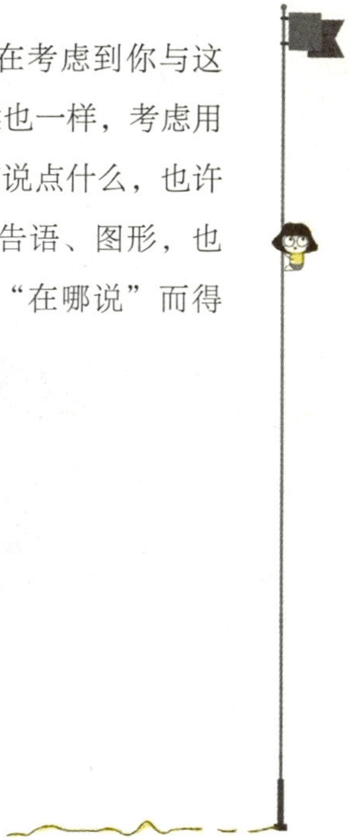

考虑“在哪说”时，你还能如何思考？

好文案是聊出来の讨论组

无邪：其实我之前还真没考虑过“在哪说”，老板交代任务时，我也从没问过会用在哪里。以后我一定也会问问，这样我思考文案写什么时还能多一点思路。

海艳：无邪，你还能想到些什么思路呢？

无邪：我会根据用户跟我们商品的接触点，在他们能看到的地方设置相应的文案，又比如我直接按照用户在电商页面搜索相应关键词去了解一下他们在这个过程中会在网页上看到什么？有什么顾虑？然后在我的商品文案页面解决。

小国宝：有些广告投放位置也决定了广告文案说什么。记得有一个手表广告做的地铁广告就很有意思，顶部有很多扶手环，结果这个手表品牌把扶手环做成了他们手表的样子，每个人去拉那个拉环都好像在戴着他们家手表。给你们发图片看一下。

小国宝：

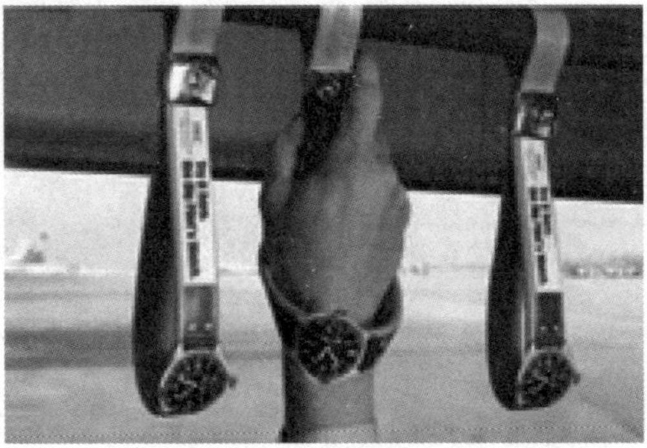

好文案是聊出来の讨论组

海艳：在公众号里的软文广告会投放在不同自媒体账号上，自媒体账号对应的人都有所区别有所不同，因此应该根据情况做一定调整。另外我们针对企业客户和个人客户的广告做的也都会完全不一样。

静静：说到底，主要就是注意两点：

（1）充分考虑用户跟我们广告接触的点。

（2）考虑不同渠道的不同需求，对文案进行调整。

考考你

假如你负责一款婴儿纸尿裤的广告投放，现在这款纸尿裤正在做促销，希望通过投放广告带来直接销售，以下广告渠道，老板说只能选其中 2 个，你会如何选？为什么？

（1） 3~6 岁育儿类公众账号广告。

（2） 0~3 岁育儿类公众账号广告。

（3）儿童成长类公众账号广告。

（4）电商平台首页广告。

（5）地铁站灯箱广告。

思考两分钟，再继续看下去。

以上渠道仔细想一下，你会发现主要广告渠道有三类：公众号、电商平台、地铁站广告。使用婴儿纸尿裤的大部分是三岁内的孩子，在公众号里（2）选项最为精准，可以考虑把选项（1）和（3）排除；再对比（4）和（5）渠道，显然在电商平台首页做广告更容易带来销售，在地铁站里的用户基本都是很匆忙，未必有时间停下来因为一个广告而购买。所以，我初步选择了（2）和（4），你呢？如果有其他答案，也不妨思考一下你选择的理由哦。

巧妙运用“在哪说”，让你文案出彩

观察一个唯品会的广告，一眼看过去似乎只是一个普通的公交站台广告，但是你仔细研究之后就会发现，这个广告内容跟投放地点结合得非常妙。这是几年前唯品会刚推出市场时做的一组广告。

当时唯品会的定位是一家专门做特卖的网站，网站主打专柜

正品，但是价格却更低，主要竞争对手是线下商场。文案内容说的是同样一双鞋中心区商场专柜价格是 1 149 元，而在唯品会的特卖会却可以很便宜。旁边广告补充：“与其被别人宰，不如宰唯品会。一场史无前例特卖会，500 大牌，折后疯狂满减”，广告牌上均有二维码引导大家扫码进入。

这个文案目标也很明确，就是想告诉你唯品会的商品比商场便宜，更妙的是这个广告直接投放在广州天河城商场门口。你可以想象一下，当用户正准备去天河城购物或者购物出来时，看到这个文案，心里是不是会盘算一下，自己要去买的东西是不是买贵了，既然同样的商品有更便宜的，为何不去了解一下呢？文案内容和环境互相结合能进一步说明唯品会的价格优势。

要让你的广告文案做得妙，首先需要确认你要表达的卖点，找到投放渠道的特点，然后结合起来。就像上面的唯品会的广告，表达核心点就是同样的商品，唯品会价格更低。投放渠道选在商场门口，不仅体现了自身对价格优势的自信，用户也抓得很精准。

唯品会结合投放场景还做了不少有意思的文案。如去年 12.8 周年庆活动，邀请了周杰伦和昆凌做代言人，要表达的核心就是借用代言人之间的亲密关系，告知大家周年庆信息。

在广告内容上也有意识结合了他们之间的夫妻关系以及投放渠道（一组分屏广告）。如这几个广告单独看都比较普通，但当你在两个相邻的公交站台同时看到时，就会觉得他们之间的对话非常巧妙。通过这组广告，你知道了周杰伦和昆凌都是唯品会的代言人，在他们的对话中感受到这是一个唯品会大力促销的活动，通过巨大的“唯品会 12.8 周年庆”还知道了活动信息。

很多具有创意的广告都会借用渠道特点来体现广告要传达的卖点。网络上搜索“创意广告”能够看到很多结合卖点和投放渠道的优秀文案。当然并不是所有渠道都能做到有创意的表达，但每次投放广告时都要多问自己一句：“在这个地方，我有没有可能结合自己要说的卖点和渠道特点做一个文案？”记得之前有个小伙伴给我分享过一个广告，一个整形广告投放在高铁站的出口处，广告文案是“美在微妙处”。如果结合这个渠道的特点，乘客都 从站台出来往下走，文案修改成“人生在提速，颜值却在走下坡路？”这样是不是更妙呢？

鲸鱼笔记

运用好广告投放渠道，让文案妙起来。

追求文案“妙”固然好，但是“妙”的前提是先把信息传达准确。

（1）目标人群在哪就在哪放广告，让广告投放更精准有效。

（2）充分考虑用户与广告的真实接触情况。

（3）巧妙运用“在哪说”的，让你文案出彩。

别焦虑，你可以

文案小白向文案高手进阶的3个成长建议

做文案，到底赚不赚钱?

我看到不少人从文案职业转型去做其他行业的人，他们说做文案太苦了——事多钱少；也看到不少财务、前台、技术类人才（如船长、芯片工程师之类的）转型去做文案，他们说文案创作的这份工作很带劲，容易让人有成就感。有人还说薪水比之前涨了不少，月薪1万~3万元，业余时间多做点还可能月入10万元。

做文案到底赚不赚钱呢？关键还是在个人。我也相信所有行业都这样，用对方法就能走得远走得快，在这个过程中，收获的不仅仅是金钱。拿我自己来说，仅仅是这两年，一切都超乎想象：

我之前已经出过一本书《新媒体文案创作与传播》，这本书被双一流大学及多家高校选为文案教材，市场上也很畅销，出版编辑告诉我，仅仅是版税我就赚了7万元。

想做的文案课迭代了6次（正在做第7次迭代），并被自己认可的平台邀请去开课，线上线下学员覆盖30 000人以上，目前课程口碑也非常高，有一批文案小白学员已经通过课程学习，他们的文案创作都发生了质的改变。

成为自由文案讲师。这是我十年前的小梦想，没想到现在真的实现了！

如果一开始单纯以赚钱为目的，未必能够走到这一步，接下来我想用我自身的经历给你几个成长建议，相信不管你从事什么职业，都一定会有所启发。

去做！如果你足够喜欢

我是一个标准的小镇青年，去我们县城安安分分做个中学语文老师似乎是最佳选择。可我不喜欢这种一眼就看到头的职业。

大学图书馆看到的广告年鉴杂志是我心里的一个火种，促使我想去一个温暖的城市点燃它。

继父听说我要南下，坐在有点掉漆的深红色老式木沙发上，愤怒地说：“人生还有什么剽头[1]，在家乖乖做个老师。”

我那时什么话也没说，趁他骂够了出去买包烟的间隙，我拖着行李箱，一个人买了一张火车站票，毅然决然地南下了。这是我人生中第一次违背家人的意愿，在这之前我极度听话、文静而内向。

如果你心里有一件超想完成的事，你就会变得不一样，那时我只知道我喜欢那些有意思的广告。我也不想让我的人生就像一

① 剽头：江西方言，意思是一个人原本就毫无希望，但是还是想去尝试，就像从命运手中剽窃一些原本不属于自己的好运气。

个缓慢行驶的火车，一开始就能看完了整个风景，那活着还有什么意思？

我不信自己觉得有意思的事，拼尽全力去做还能做不好？

因此如果你内心一直有做某件事的欲望，去做吧！这很可能就是你的使命。不做，怎么知道自己不行呢？旁人阻扰如真能成为你的障碍，只能说明你对这件事还不够热爱。

当然，这中间我也吃了不少苦头，做文案没有自己想象的那边轻松，作文好不等于文案好，怀疑人生、怀疑自己的日子也经常会有，不过，我在这个过程中也开始逐渐明白自己想要怎样的生活。

2008 年初的下午，我在格子间里看《周末画报》，一个内容吸引了我：台湾文案女王李欣频的访谈。她生活自由，时间多半用来旅行、看书、看电影、写文案，与此同时，还能靠文案赚钱养活自己，甚至旅行又成为出书的素材。

这让我心动不已：这种生活，我也想要啊！

不过那会我月薪 3 000 元，房租 1 500 元，不仅是月光族，还在试用期挣扎，而且总会被领导批评。各种文案创作者新人犯的错，我基本都犯过。

小镇青年的理想，在火候不到时，只能像个种子一样埋在心里。

这个种子要发芽，要生长，都需要相应的条件。当你已经明确了自己想要的生活时，却很难实现的时候，怎么办呢？

去沉淀，尽全力去学、去做

那时候，我也只能努力奔跑：去学习、去实践甚至去试错。

我不能停下来，一个只身在深圳打拼的姑娘，除了自己满身力气，没有更多可依靠的。努力去尝试一切能给自己加分的东西，无论好坏，都是经验。

我把手上的每个工作内容都尽力研究明白，甚至连续通宵 7 天赶进度，最后体力不支直接晕倒在领导面前。

我免费给别人写文案，只要有机会写，必定全力以赴。

我学习如何看书、如何主题阅读、如何将书本知识输出。

我去各种营销文案课学习，到目前为止，学费加起来也花费了 20 多万，我几乎上过了市场所有的营销文案课。

但是每次掌握一个新的营销文案相关知识点，我都会感到很满足，我会结合实际去运用这些新知识，逐步也有了一些成功案例，比如：

通过文案，给一个服装品牌带来了 80% 的客户；

给一个天猫店商品进行文案优化，让单品多赚 23 万元；

通过一篇文案，帮企业多卖了 30 万元的货；

给一个企业写了一份满意的方案，对方酬劳达到了 10 万元；

通过不断地创新，做了多个 10W 以上互动案例；

在这个过程中，也不断有老客户介绍新客户给我。

有不少人会问我：“小鱼，我也会写文案啊，为什么我接不到你那么多订单？也没你那么好运？”其实在工作的前几年，我基本都在免费给别人提供服务，凡是有需求，只要我有时间都会毫不犹豫地接，而且不计报酬。因为那时我想要的是多一份锻炼，多一份经验。

目前我的客户大部分是同事、前同事介绍的，他们之所以会

介绍我，也是因为在平时工作中看到了我的努力，也相信我能做好。所以，如果你是文案新人，我建议你不要着急想着多赚钱，而是尽力先把自己的本职工作做到最好。

我的好朋友杨小米说过一句话：**永远做到当下能做到的最好。**这真是非常朴实的真理。当你用心去做一件事，机会大门就会逐步为你打开。当然，如果你毫无章法地学习和积累，效果未必会好。作为文案创作者，我们也应该有目的地学习积累。我把一个文案创作者必须掌握的能力划分为这么几项：基本的学习能力、运用文字的能力、营销能力、洞察人性的能力、创意能力、审美能力。你可以通过三种方式来提升这几项能力：看书、上课、请教。

看书：这是最便宜的学习方式，也是最系统的学习方式。最好是主题式阅读，根据我们需要掌握的这几项能力，制定主题书单，然后逐一阅读。（在我的公众号回复“书单”能查看到我为你定制的主题书单目录）当然，书读完未必就能掌握，所以读完书，也一定要做知识输出，你可以尝试写思维导图或者写读书笔记，或者把书里的内容讲给别人听。（关于如何更好地读书，也可以看看彭小六的《洋葱阅读法》）

上课：这是最快速的学习方式。我常常因为上了几天的课并且跟随练习，经过老师的反馈，能力能在短时间内快速提升。而且跟优秀的老师接触，自己的眼界也会开阔很多。

请教：向相关领域优秀的人请教。现在互联网这么发达，你可以通过类似于“在行”这样的平台，付费约见不同领域的专家，行家指路，能让你少走不少弯路。毕竟不同的专业领域中，行家经验都非常丰富，不过，我建议你约见之前，可以好好地梳理一

下自己的问题，这样约见才会有成效。当然，如果你身边有优秀的人，可以直接观察他们处理相应的事情，向他们请教也会学到很多。

积累是一个长期的过程，有很多小伙伴在上班前几年一直很介意自己的工资没多少，计算着自己每月能存多少钱，实际上，在工作的前几年把钱都花在提升自己的能力上，拉长时间线来看，你的收益远远比那些努力存钱的人强。我曾经去一家公司入职，看到一个工作了十几年的人，还在做最基础的工作，拿最基础的工资，当时就特别害怕，你说十几年的时间，如果花在能力提升上，怎么可能还会这样？不要让时间只积累了年龄，时间最该积累的是能力！

找到自己的能力目标，通过看书、上课、请教，再抓住一切可以让你实践的机会，获得更多宝贵的经验，你的成长会更加快速。

去链接，靠近属于你的光源

“10多岁比智力，20多岁比体力，30多岁拼专业，40多岁拼人脉。”这句话想必好多人都听过，通过前面的积累、实践，我相信你会拥有足够的专业能力，你也应该有意识地为别人提供价值，放大自己的能量。

有人会说“酒香不怕巷子深”，但是你不说、不展示，无法让更多的人知道你的能量，那你在这个信息化的时代会很难生存。

我通过微信结识了很多优秀的行业精英，也通过他们获得了不少机会。链接了秋叶大叔，获得了写第一本书的机会，也懂得